キーワードでわかる！ 中村天風事典

池田 光

PHP文庫

○本表紙図柄＝ロゼッタ・ストーン（大英博物館蔵）
○本表紙デザイン＋紋章＝上田晃郷

はじめに　あなたに「この事典」を贈りたい理由

なぜ、天風事典が求められるのか

「中村天風」を読み解くために、この事典を贈りたい。
◎生涯編――天風はどんな生涯を生き抜き、どんな影響を与えたのか。
◎思想編――天風はどんな思想や哲学を説いたのか。
キーワードと図版で、天風の生きざまを浮き彫りにし、その教えが一つひとつピンポイントで理解できるようにした。これまで天風事典がなかったことが、不思議なほどだ。すでに十分なニーズがあったはずだ。では、天風事典が求められる背景は何か。

①天風の著述書が数多く刊行されていること。
生前に録音された天風の講演は、今も文字起こしされ、講演録として刊行され続けている。すると、どうなるか。著述書が出版されればされるほど、天風哲学の全体像が見えにくくなるのだ。だから事典が必要だ。天風の著述書のど

の一冊を手に取ってもよい。この事典と照らして読めば全体像が分かる。

②天風の講演録が数多く出版されるに及んで、記述内容に微妙なズレが各所で見出されること。

例をあげよう。天風がヨーガの里で修行した期間は、どれくらいか。天風自身が、三年と語ったり、一年七カ月と語ったり、さまざまである。また、生命の内奥に蔵された力を「潜勢力」「潜在勢力」「潜在力」などと、語る言葉が違っている。いったい、潜勢力と潜在力は同じ概念なのか。微妙なズレを解消するのに、事典が欠かせない。

③天風哲学や心身統一法という天風の教えが意外に難解なこと。

天風の講演録はすいすい読め、分かりやすく感じられる。しかし、感じるだけで、実際はそれほど簡単ではない。たとえば、天風が説く「積極」には、相対積極と絶対積極という二つの次元がある。では、「溌剌颯爽《はつらつさっそう》」という積極性は、相対積極か、絶対積極か、どちらに属するのか？　同様に、「恬淡明朗《てんたんめいろう》」

とが、この事典によってきっちり把握される。

「虚心平気《きょしんへいき》」「活潑々地《かっぱつぱっち》」の各積極性はどうか。分かっているようで、曖昧なこ

この事典の特徴

事典というのは、工具のようなものだ。工具がなければ、物をばらしたり、組み立てたりすることができない。この事典によって、天風哲学や心身統一法をあなた自身が再構築できるだろう。

この事典の特徴は、次の通り。

◎生涯編と思想編の二部構成にし、天風の人生と哲学がバランスよく分かる。

◎キーワードごとに天風の言葉を掲げた。つまり、キーワードに即した天風のなまの声が聞け、本物にふれることができる。

◎キーワードに整理番号を付した。解説文中に整理番号が出てきたら、これをたどって関連するキーワードへと進むことができる。

◎要所に配置した図版と解説文が補完し合い、視覚的に理解できる。

◎どこからでも検索できるのが事典の特性である。が、順に読んでいただくと

解説書になるよう、キーワードの配置を工夫した。
◎巻末に、用語、人名などの索引を掲載した。天風の著述書を読んでいて、意味を知りたい用語や人名が出てきたときに活用できる。

あなたにこの事典を贈る

筆者が天風の教えに出会ったのは、二十代半ばのことだ。すでに天風は帰霊していた。筆者は当時の天風会副会長であった杉山彦一《ひこいち》先生に、

「先生のもとで学ばせてください」

とお願いした。修練会の日は毎夜、先生の部屋を訪ねた。会場の禅寺には八畳の和室があり、この部屋で杉山先生は静かに原稿を書いていた。訪ねると、快く時間を割いてくれ、日ごろの疑問に教えをもらうことが習慣となった。

四十歳のとき、初めての天風解説書を出版し、杉山先生に贈呈した。

「よく書けているが、初等科だね。高等科は難しいからね」

と評した。初等科、高等科という区別は杉山先生の方便であろうが、意味するところは分かった。この言葉がきっかけになって、高等科の本を書こうと挑

戦した。

高等科に挑戦し続けて、四半世紀以上になる。「天風の精神に触れた」と感じる瞬間が何度もあった。その瞬間は、霊性意識へと深化し、同時に意識が拡大して高揚感があった。すでに天風はこの世にないが、誰であっても、人は天風の精神に触れることができると確信した。

「だったら、この体験を活かして、天風の精神に触れることができる事典をつくろう」

と、志を立てた。これが本書に込めた筆者の隠れた意図である。

この事典には、筆者のこれまでの知見をすべてつぎ込んだ。天風哲学の「根本」にまでさかのぼれるところに、この事典の最大の特徴がある。――と、ひそかに考えている。

どうか、この事典を楽しんでほしい。面白がって、この事典を、あなたの工具としてこき使っていただきたい。

池田 光

キーワードでわかる！　中村天風事典　目次

生涯編

思想編

※中村天風の年齢については、数え年とする。

生涯編

生涯01 天風の両親

父・中村祐興は柳川藩出身の開明的な官僚。母・テウは生粋の江戸っ子。

天風の言葉

私のところは、会津中村の相馬の跡を父が継いだんで中村となっていますが、出は子爵家なんであります。

『成功の実現』

天風《てんぷう》（一八七六～一九六八）の本名を、三郎という。生まれたのは東京である。三郎は幼少期から剣術を習い、居合抜きが得意であった（生涯40）。後年、その抜刀法に感心した恩師の頭山満《とうやまみつる》（生涯05）が、「おぬし、天津風《あまつかぜ》をよく抜くのう。天風と名乗れ」と言ったのが、天風の号の始まりとなった。

父は、中村祐興《すけおき》（一八二九～一九〇九）。旧柳川藩の出身で、幕末には若くして長崎に遊学。同窓に、啓蒙思想家の福沢諭吉（慶應義塾を開校）がいる。開明的な見識があった祐興は、ジョセフ・ヒコが発行した日本初の民間人による新聞「海外新聞」を定期購読している。一八七四（明治七）年に、大蔵省紙幣寮に出仕。その翌年には、初代抄紙《しょうし》部長（抄紙局長）に就任した。技術に長け、後年、「中村紙」という紙幣に使う特殊な紙を開発した。

母のテウ（一八五五～一九二八）は、深川に生まれた生粋の江戸っ子である。祐興とは二十六歳離れている。中村家の長男・光次郎は一八六七年の生まれで、テウとは十二歳しか離れていない。おそらく、テウは後妻であろう。天風のべらんめえ調は、母譲りかもしれない。

一家の住まいは、豊島郡王子村（現・東京都北区王子）にある大蔵省の官舎であった。近隣には、印刷技師として来日していた英国人夫妻がいた。この夫妻にかわいがられた天風は、英語が交わされる雰囲気に慣れ親しんだ。

一説に、父・祐興は、育ての父と言われる。右の天風の言葉に、「出は子爵家」とある。子爵となったのは、九州・柳川藩主を代々務めた立花家だ。では、実父は立花家の誰かであろうか。

天風が爺と呼んでいた柳川藩十二代・立花鑑寛《あきとも》（一八二九～一九〇九）が実父だという説がある（生涯02）。あるいは、その息子の立花寛治《ともはる》（一八五八？～一九二九）という可能性も捨てがたい。

生涯02

爺・立花鑑寛《あきとも》

柳川藩十二代。天風に「いざというときの度胸」を教えた。実父との説がある。

天風幼少時

天風の言葉

私の爺《じい》というのは初代の柳川藩主伯爵立花鑑徳《たちばなかんとく》※で、私の幼少の名前は三午《さんご》といった。

『成功の実現』

※天風は講演で「鑑徳《かんとく》」と語っているが、「鑑徳《あきのり》」と読むのが正しい。

最初に誤りを正しておきたい。右の天風の言葉にある立花鑑徳《あきのり》（一八八四～一九五七）は、柳川藩十二代・立花鑑寛《あきとも》の孫で、天風より年下の人物。当然、爺（祖父）ではない。爺とは鑑寛である（生涯01）。天風の勘違いであろう。

また、伯爵の爵位を授かったのは、鑑寛の息子の立花寛治《ともはる》であり、彼が初代伯爵となった。では、なぜ、爺が初代伯爵だという誤りが発生したのか。作家の松原一枝は、「爵位は先祖からの功績で家が貰うものである。戊辰の役による功績で立花鑑寛に授かるところ、すでに隠居しているので、証書の名が、『立花寛治』となっている」（『中村天風　活きて生きた男』）との見解を紹介している。

爺の鑑寛は、浅草にあった柳川藩の下屋敷で隠居していた。毎晩、晩酌になると三人の腰元が世話をし、そんな場に、いつも幼い天風が呼ばれた。

「よく眼《まなこ》を据えて爺の額を見ろ」

鑑寛の額には、戦いの場で受けた三日月形の刀傷が残っていた。「爺がこの傷だけで命びろいしたのは、しいだま（度胸）があったからじゃ。いざというときは、腕前じゃない。度胸ぞ」——耳にたこができるほど聞かされたこの言葉は、後年、軍事探偵時代の天風を救った。初めての真剣勝負の場で、爺の言葉が脳裏に浮かび、無事に切り抜けたのだ。ところで、「爺」の呼び名から、立花鑑寛は、父の中村祐興より年長というイメージがある。しかし、二人の生没年は同じだ。

◎中村祐興——一八二九年七月十日〜一九〇九年十月十二日。

◎立花鑑寛——一八二九年六月二十三日〜一九〇九年二月二十四日。

つねに晩酌の場に幼い天風が呼ばれた、という鑑寛の逸話から推測すると、天風はある時期まで柳川藩の下屋敷で暮らしていたと思われる。このことは、鑑寛との関係をうかがわせる。

生涯03 少年期の性格

独立独歩の精神に富んだ暴れん坊。

小学校卒業 12歳（数え年。以下同）

天風の言葉

十三歳のときであった。当時贅沢《ぜいたく》三昧に暮していた私は、この物語が書いてある本を読んで、「これでは、いけないぞ！」と思った。（中略）家を出る決心をしたのは、十五歳のときで、私は、「糞！　男一匹、独立独歩だ（中略）」と思った。

『運命を拓く』

少年期の天風は暴れん坊であった。ひとたび喧嘩をすれば、相手の耳を引きちぎるか、指をへし折るまでやらないと気がおさまらなかったという。

手を焼いた両親は、天風が東京・本郷の小学校を卒業すると、九州・福岡の知人宅に預ける。入学した尋常中学修猷館（後の修猷館高校）でも問題を起こして退学（生涯04）。ところが、そんな問題児を預かったのが、右翼の大物として知られていた玄洋社の頭山満《とうやまみつる》であるが、それは後のこと。

天風は自らの乱暴ぶりを、「織田信長の小さいときの伝記を読むと、さながら俺のようだったなと思う」(『成功の実現』)とふり返っている。なぜ、これほどまでに乱暴を働いたのか。生来の性格のほかに、別の理由があった。

十三歳のときに読んだ一冊の本が影響したのである。この本には、儒者の熊沢蕃山《ばんざん》(一六一九〜一六九一)の苦学の物語が描かれていた。蕃山の家は落ちぶれ、山の上の寒村で貧しく暮らしていた。が、勉学の志を抑えがたく、山を二つ越したところで塾を開いていた中江藤樹(わが国の陽明学の祖)の家の垣根の外から、講義を聞く日々。山を二つ越えるとなると、四時間がかかる。これを知った藤樹は、「おまえは、年をとったおっかさんと二人住まいだそうだから、うちの馬小屋で住んだらどうだ」と、声をかけた。しかし蕃山は、「ご厄介になって講義を聞くなど、もったいないことです。こうして山を越えて聞かせていただくからこそ、辛抱の甲斐があります」と、涙ながらに答えた。

この本を読んだ天風は、贅沢三昧の境涯を恥じた。「親のおかげで、こんな暮しをしていたって何になるか」(『運命を拓く』)と、親の庇護のもとを飛び出す決意をする。そのためには、親に愛想を尽かさせることだ。愛想が尽きるほどの乱暴をしてやれと考えたのが、乱暴に拍車をかけた別の理由である。

生涯04

修猷館《しゅうゆうかん》投石事件

福岡歩兵第二十四連隊が、投石した修猷館を包囲した事件。

投石事件　15歳

天風の言葉

俺がひとつ背負って出てやれ。（中略）みんなが困ってるんなら、まあとにかく俺一人が嘘でもいいから行って、投げたって言えばいいじゃないか。

『成功の実現』

一八九一（明治二十四）年三月、福岡歩兵第二十四連隊が修猷館の前を通ろうとした。このとき、校内から石（正確には、瓦片）が投げられた。石が当たった兵士のすぐ前には、運悪く軍旗を奉じた旗手がいた。「軍旗に石を投げるとは不敬にあたる」と、軍隊は学校を包囲する。

刻々と時が過ぎ、夕暮れが近づいたとき、「俺が投げたんです」と名乗り出たのが天風だった。しかし連隊長は、「どこから投げたのか」と自白を疑い、「証拠がなければ、罪にすることはできない」と取り合わない。「それなら罪をつくってやる」と、連隊長に金物の灰皿を投げつけた。その場で天風は捕らえられる。知事のとりなしで釈放になったものの、ことの責任を追及されて連隊長が一時休職に処せられるといった騒動があった。

以上が、天風が講演で語ったあらましだ。この事件は、修猷館と軍隊の衝突にとどまらず、政治問題化していく。現在残っている記録には、天風の一幕は記録されておらず、天風が語った内容とは様相が異なっている。が、天風が名乗り出た一幕は確かにあったのであろう。

さらにその翌年、天風の運命が大きく転回する殺傷事件が起こる。

熊本の中学校（済済黌《せいせいこう》）との間で柔道の試合がおこなわれ、試合には天風の側が勝った。これを逆恨みした対戦相手が、仲間十一人を引き連れて天風を袋叩きにしたのだ。翌日、天風は一人で報復していった。最後に訪問したのが、大将格の相手。彼は台所から出刃包丁をつかむと、二人は激しく揉み合い、相手の腹に包丁が刺さる。出血多量で相手は死亡した。

一部始終を見ていた対戦相手の母の証言で正当防衛が認められたものの、天風は修猷館を退学し、頭山満の玄洋社に預けられる。これが生涯の恩師・頭山満との出会いとなった。

生涯05

生涯の恩師・頭山満《とうやまみつる》

自由民権論に共鳴し、やがてアジア主義を唱導した右翼の大物。

玄洋社預かり　16歳

天風の言葉

私を今日あらしめた大きな力の大部分は、もちろんインドのカリアッパ先生のあのお導きにあるけれども、しかし、そのお導きを受ける資格をつくってくれたのは、やはり子飼いのときから育てあげられた、恩師、頭山満翁にある。

『心に成功の炎を』

天風が終生、恩師と仰いだのが頭山満《とうやまみつる》（一八五五〜一九四四）である。天風はどこに惹かれたのか。おそらく、その人格の力だろう。

一八七六（明治九）年、頭山は山口県萩で不平士族が起こした「萩の乱」に参加し、反政府陰謀の罪で入獄する。出獄後は、高知の板垣退助（一八三七〜一九一九）を訪ね、彼の自由民権運動（国民の自由と権利を要求した政治運動）に共感。民権論をもって藩閥政府をつぶそうと、一八七九（明治十二）年に福岡で向陽社《こうようしゃ》を結成。その二年後には玄洋社《げんようしゃ》と改名して、次第に国権論・アジア主義へと傾倒していく。

十六歳の天風が玄洋社に預けられたとき、頭山は三十七歳であったが、すでに自由民権運動の大物として知られていた。玄洋社には血気さかんな若者が集まり、真冬でも石畳のうえで柔道をやっていたという。天風は、頭山の大人《たいじん》の風格を、こう語っている。

「あの頭山満という人、ひとたびまなじりを決せば、支那（中国）四百余州を震撼せしめるというぐらい偉大な英雄であっても、しょっちゅう、にこにこにこにこ笑ってますわ。腹立ったのを見たことない」（『心に成功の炎を』）

天風にとって、頭山は絶対積極（思想19）を体現した人物であった。こんな逸話がある。

第二次辛亥革命が起こる前、頭山の一行は上海に渡り、北四川路へと移動した（生涯27）。その際、孫文と密談していた頭山を、飴屋に変装した刺客が襲った。警護していた天風が素早く飴屋のピストルを叩き落とし、「さぞ驚かれたでしょう」と声をかけると、頭山は、「驚いたって間にあわんよ」と平然としていた。そんな泰然自若の境地を、絶対積極と呼ぶ。

生涯06

軍事探偵

軍事探偵採用 26歳

軍事上の秘密を探る密偵の職務。極限の状況下では、心の力が生死を決した。

天風の言葉

明治三十五年の十二月、日本の国民がまだロシアと戦いなんぞひらくということは夢にもしらない時分、陸軍参謀本部情報班員として私は蒙古の奥に派遣された。

『君に成功を贈る』

日清戦争が始まる前、天風は軍事探偵の見習いとなった。そして、大連から遼東半島へ潜入。錦州城、九連城の偵察にあたっている。

ことの始まりは、河野金吉《こうのきんきち》という陸軍中佐が玄洋社に訪れたことだ。

「鞄持ちを一人連れて行きたいが、命知らずの若い者はいないだろうか」

と頭山に相談した。河野は軍事探偵であった。頭山は、

「おう、生きのいいのがおる」

と、まだ玄洋社に預けられて間がない天風を呼び、「おぬし、この男の鞄持ちをせい。どげんじゃ。喧嘩しても警察に行かんでいいぞ」と打診した。天風

にはこの仕事が性に合っていたようだ。それから、およそ十年後の日露戦争では、軍事探偵として一本立ちしている。

一九〇四(明治三十七)年二月、日露戦争が勃発する。その一年以上も前から天風は諜報活動に従事した。戦地に派遣された軍事探偵は、百十三名。このうち、生き残ったのは、天風を含めてわずか九名だった。

なぜ、そんな過酷ななかを、天風は生き残ることができたのか。

「結局、自分の心の力が非常に強かったためだろうと思う。大抵の者は我慢しきれなくなっちまうんですよ。追い詰められたとき、生きる道を見出す時間が待ちきれなくなって、大抵は自分の命を落としてしまうようなばかげたことをやっちまうんです」(『幸福なる人生』)

ぎりぎりのところで生死を分けるのは、心の力だったという。追い詰められると「待つ」余裕がなくなる。死に急いでしまうのだ。

天風は後年、天風哲学(思想01)を世に問うた。そんな、みずからの人生哲学を形成した原点には、軍事探偵という極限の体験があった。

生涯07

松花江の鉄橋破壊

鉄橋破壊　28歳頃

松花江鉄橋を不通にするため、軍事探偵の天風に与えられた任務。

天風の言葉

あれだけ命知らずの人間が六人も七人もいて、松花江の鉄橋破壊に行って、線路の下に埋没した火薬の導火線に火をつけることができたのは、自慢じゃないが私一人だった。

『成功の実現』

日露戦争が勃発して一年後（一九〇五年）、奉天を中心とした最大規模の会戦で日本はかろうじて勝利。五月には、連合艦隊を指揮した司令長官・東郷平八郎（一八四七〜一九三四）が日本海においてバルチック艦隊を迎え撃ち、完勝した。東郷は後に、天風門下となる（生涯34）。

軍事探偵として一本立ちしていた天風は、開戦の前から満州に潜入していた。軍事探偵時代に使った変名は、藤村義雄である。

あるとき、松花江（中国東北部を流れる川）の鉄橋の一カ所を爆破するという任務を受けた。仲間とともに、レールの下に火薬を仕掛ける。天風によれば、次のようだ。

「三間《げん》四間《けん》の高い堤防の上へレールが敷いてある。そして、その鉄道の線路を破壊するために、レールの敷いてある下の枕木と枕木の間を掘って、そこへ火薬を埋める」(『成功の実現』)

事前の調査では、三十分ごとに警備兵が回ってくると分かっていた。そのあいだに一升(二リットル弱)の火薬を埋め、導火線を地上に出しておく。一人が残って、導火線に巻きたばこの火を点ける。たったこれだけの役割であるが、命知らずの仲間たちが躊躇する。しくじれば爆風に巻き込まれるので、手がすくむ。仮に点火しても、湿った部分があれば途中で消えてしまう。着火しているか、ぎりぎりのところまで見守らなくてはならない。

この任務を平気でこなしたのは、天風だけだった。このことを語ったのが、右の天風の言葉である。

堤防の高さは、三間四間(約五~七メートル)であり、ぎりぎりのところで堤防から飛び降りよう、と天風は腹をくくった。この覚悟が破壊工作をやり遂げさせた。

生涯08

コサック騎兵からの生還

ロシア正規軍となった騎兵に捕らえられ、銃殺の寸前に救出される。

コサック事件　28歳

天風の言葉

軍事探偵をしていたころ、敵のコザック騎兵に捕らえられて死刑の宣告を受け、柱に括りつけられて一発の銃声とともにこの世を去るんだという刹那、救われて逃亡した。

『信念の奇跡』

日露戦争が始まった年（一九〇四年）の三月中旬、天風はコサック騎兵に捕らえられる。閉じ込められた牢屋は、満州のお金持ちの醤油蔵を、にわか牢屋に仕立てあげたものだ。右の天風の言葉では、「コザック」と発音しているが、ここでは英語表記で「コサック」とする。

五、六日ほど経ったとき、「明日の朝、おまえは鉄砲で撃たれるんだぜ。何か食いたいものがあればご馳走しようか」と牢番が憐れんだが、とりあわずに天風はぐっすり寝た。

翌朝、死刑を宣告された天風は棒杭にゆわえつけられる。コサック兵の一人が進み出て、白い布で目を覆い隠そうとした。「目隠しは不要だ。どこに弾が当たったのか、この目で見きわめて死ぬ」と、天風は言い放った。これは、天風だけにとどまらない。当時、敵兵に捕らえられた別の軍事探偵（ロシア兵によって銃殺となった横川省三）も「目隠しは不要だ」と言った記録が残っている。武士の精神が息づいていたのだろう。

やがて三人の射撃手が雪の上で銃を構えた。その瞬間、大音響とともに天風は棒杭もろとも吹き飛ばされた。救出にきた仲間が手榴弾を投げたのである。死刑執行に携わったコサック兵たちはその場で死亡した。仲間は天風を拾い上げると、背負うようにして駆け出す。「おい、背中の棒を取ってくれ」と天風。仲間は我に返ると、「あんたって人は、どこまで平静でいられるんですか。度胸の神様みたいだ」と、嘆息した。

その陰で、一人の少女が亡くなった。馬賊たちに捕らえられた少女（名を玉齢という）を天風が助けた。彼女は恩を返そうと、天風の仲間とともに手榴弾を投げた。が、腕力がなく、みずから投げた手榴弾に巻き込まれて爆死した。

生涯09

「満州秘聞」公演

軍事探偵時代 26～30歳

天風の弟が書いた実話小説をもとに、新国劇の芝居が演じられた。

天風の言葉

浪花節や新国劇でよく私のことをやってくれますが、（中略）断頭台上に後ろ手に縛られて立たせられた、そういう運命をもってる私であります。そのときの助けられた状況を新国劇や浪花節でうたってくれてる。

『心に成功の炎を』

天風の弟に、二十歳年下の中村祐雄がいる。中村家の五男だ。彼は、天風の軍事探偵時代の逸話を聞き、ペンネームで一冊の本を出版した。浦路耕之助《うらじこうのすけ》著『世界密偵秘話』である。

この本を題材にして、当時の売れっ子作家・竹田敏彦が、「満州秘聞」（三幕七場）の脚本を書いた。新国劇で公演にかけられたのは、一九三二（昭和七）年のこと。天風役を島田正吾（一九〇五～二〇〇四）が演じた。当時、島田は二十六歳。新国劇の大黒柱として長く活躍することになる人物である。

『世界密偵秘話』

浦路耕之助著『世界密偵秘話
〜或る特務機関の話〜』
博文館、昭和6年2月発行。

「暗號は何處に？」

「或る士官の怪失踪」

「迷宮の扉を開く」

「魔都に咲く花」

など、12編の短編から成る。

天風から軍事探偵時代の話を聞き、その話をもとに書いた小説が含まれる。

著者の浦路耕之助は、中村天風の弟・祐雄のペンネーム。出版当時は34歳。


天風の話は、浪花節にも唄われたという。軍事探偵はその任務の性格上、表に現れるようなものではない。が、たとえば日清戦争のときに軍事探偵を務めた鐘《かね》崎三郎《ざきさぶろう》（一八六九〜九四）のように、その活躍が講談になり、観衆を沸かせた事例がある。天風より七歳年長の鐘崎は、河北省の山海関方面の情勢を探り、建設中の砲台を緻密に調べあげた。これを記録したノートが見つかって捕縛されるが、逃亡に成功。「この逃走劇は、昭和十五年（一九四〇）頃、講談にもなって、かなり人気を集めた」（『威風凛々　烈士鐘崎三郎』）という。惜しくも、鐘崎は二十六歳で大陸の露と消えている。

生涯10

ヨシとの結婚

娘・鶴子誕生 29歳

静かに寄り添った妻の内助が、天風の精神的な支えであった。

天風の言葉

縁があって、私はあなた(天風)の妻になったんです。いい志のために乞食になろうと、何になろうと、それは満足です。

『成功の実現』

天風が結婚したのは、いつのことであろうか。詳しいことは分からないが、一九〇四(明治三十七)年以前のことと考えられる。

天風が軍事探偵に応募し、特殊訓練を経て、満蒙(満州および内蒙古)の任地に派遣された出発日は、一九〇二(明治三十五)年十二月五日である。この日、軍事探偵に採用された百十三名が一斉に東京を発った。

また、天風には、鶴子《つるこ》(一九〇五~二〇〇六)という娘がいる。あと一カ月余りで百一歳を迎えるというほどに長命だった。彼女が誕生したのは、一九〇五(明治三十八)年四月十六日である。とすると、天風は、一九〇四年に一時帰国したことになる。でなければ、鶴子の誕生はない。一説に、「日露戦争の軍事探偵として満州に出発する直前の一九〇三（明治三十六）年、天風はヨシと結婚式を挙げている」（『図説　中村天風』）とある。が、すでに触れたように、天風が満蒙の任地に派遣されたのは、一九〇三年ではなく、一九〇二年であったようだ。

天風の妻の名は、ヨシ（通称はヨシ子。一八八四〜一九六二）という。ヨシは、「福岡・久留米の出身。おっとりとした大らかな女性で、波乱万丈の天風の人生に、静かに付き添っていた」（同書）という。物静かであったが、大の野球ファンで、贔屓《ひいき》のプロ野球の球団については、長年、スコアブックをとっていた。そんな熱血ぶりも見られる。

後年、天風が「心身統一法の宣布」（生涯31）に立ち上がったとき、ヨシが言ったのが右の言葉である。再録すると、「縁があって、私はあなたの妻になったんです。いい志のために乞食になろうと、何になろうと、それは満足です」（『成功の実現』）と。

この一言で、天風の後顧の憂いが消えた。

肺結核罹患　30歳

生涯11 奔馬性《ほんばせい》肺結核の罹患

馬が駆けるように進行する〝奔馬性〟と呼ばれた結核に罹患。

天風の言葉

戦争が終いになった明治三十九年、私は陸軍から派遣されて、当時、伊藤博文さんが統監をされていた朝鮮統監府の高等通訳官を拝命したんですが、任務について三月目に大喀血。

『君に成功を贈る』

日露戦争が終結した翌年の一九〇六（明治三十九）年、三十歳の天風は陸軍の高等通訳官となる。しかし任務に就いたものの、三カ月目に喀血。奔馬性《ほんばせい》肺結核に罹患した。

ふつう、肺結核の病勢は目立たずに進行し、長い経過をたどるという。が、一部には急速に進行する症例があり、奔馬性と呼ばれたそうだ。

まだ治療法が確立していない明治末期に「結核」と診断されることは、死を宣告されるに等しい。結核の最高権威と言われた北里柴三郎の治療を受けるが、恢復《かいふく》を望めそうにない。

「病になった後、死ぬのは恐ろしくはないけれども、あの病からくる苦痛に耐えかねて、自分で自分の脈や熱をはかるというような、みすぼらしい、哀れなことをやっちゃったんです」(『心に成功の炎を』)

と、天風は語っている。病のことが頭から離れなくなったのであろう。

ある夜のことであった。

「見てごらん。きれいなお月さまだよ」

と母・テウが声をかけた。病床にあった息子の気分を少しでも明るくしようと、看護の者に頼んで、外が見える縁側に布団を引き寄せた。

しかし天風は、縁側に背を向けたまま。しばらくして、母は何も言わずに、布団をもとに戻させた。

かつて少年時代に〝玄洋社の豹〟、軍事探偵時代には〝人斬り天風〟とあだ名で呼ばれたのがウソであるかのように、心が弱くなっている……。

「母に何という罰当たりなことをしたのだ。何としても気持ちの持ち方を変えなければならない」

と天風は自分を責め、心を強くする方法を求めようとした。

生涯12

オリソン・スウェット・マーデン

渡米 32歳

天風に生きる勇気を与えた書物の著者。マーデンに会うために渡米する。

天風の言葉

私が外国へ行く気になりましたのは、スウェッド・マーデンの本を読んだのが動機なんです。（中略）これだけの本をだす学者だったらば、これだけの心をもてる方法を教えてくれるだろうと思いこんだ。

『成功の実現』

見舞いに来た旧友（岩崎久彌《ひさや》との説があるが不明）が一冊の本を差し入れた。『如何にして希望を達す可《べ》きか』の原書である。まだ邦訳されていなかった。

著者は、アメリカの作家オリソン・スウェット・マーデン（一八五〇～一九二四）。不遇な環境のなかで少年時代を送ったマーデンは、十七歳のときに、サミュエル・スマイルズの世界的名著『自助論』を読んで感動し、苦労して著作家となった。

天風はこの本の最初に書いてあった、「不幸なるかな。人々の多くは人間の弱い方面のみを考えて、強い方面を考えない」という言葉に刺激を受ける。

オリソン・スウェット・マーデン著『How To Get What You Want』の原書（写真上）と、邦訳版の『如何にして希望を達す可きか』（上谷続訳、実業之日本社、大正12年初版）

読み耽《ふけ》った。十回読んだ、と天風は語っている。読むだけでなく、直接マーデンから教えを受けよう、そうすれば心を強くする方法が得られるにちがいないと考えた。こうして渡米を決意する。

ところが、結核患者に渡航の許可はおりない。コネを使って孫文の身内になり、「孫逸郎《いつろう》」という中国名を使って貨物船に乗り込んだ。まず上海に渡ってから、アメリカへと密航した。ようやく天風は、待望のマーデンを訪ねる。

しかし、実際のマーデンには、「こうすれば救われる」という方法論がなかった。失意のうちに、天風はマーデンのもとを去った。

生涯13 芳沢謙吉

コロンビア大学での勉学 32歳

犬養内閣の外相を務めた人物。天風から渡米の相談を受けた。

天風の言葉

「エジソンが電気ショックで受けた神経病をカーリントンという哲学者が治しているから、この人に会ったらどうだ」とアメリカ公使館の書記官の芳沢謙吉《よしざわけんきち》君が言ってきた。

『成功の実現』

憧れのオリソン・スウエット・マーデンに失望した後、天風はエジソンの神経衰弱を治したという神経科医のカーリントンを訪ねている。

日本で渡米を計画していたとき、外務省に勤めていた芳沢謙吉（一八七四〜一九六五）から、カーリントンの名を聞いていたらしい。その縁で、カーリントンを訪ねたのであろう。ちなみに、芳沢は後に犬養内閣の外相に就任する人物だが、そのころは外務省本省の政務局第一課長の職にあった。

しかし、カーリントンを訪ねた天風は、またしても有効な方法論を得られず、失望する。やがて持参した金（五万円という大金）が尽きようとしていた。

困った天風は、日本国総領事館に「働き口を世話してほしい」と依頼したところ、

「あなたは英語も中国語もできるから、それを生かした通訳の仕事がある」

と呼び出しを受ける。

仕事の依頼主は広東省出身の華僑の留学生であった。彼は妻子を連れ、コロンビア大学で医学の学位を取りに来ていた。が、英語ができないので、代わりに授業に出席してほしいという内容だった。

幸いに天風の病状は小康を保っていた。華僑の留学生の代わりに耳鼻咽喉科の授業を受けた。同時に、孫逸郎の偽名でもコロンビア大学に籍を置き、基礎医学を学んで学位を得たようだ。

講演で天風はよく、華僑の留学生を紹介してくれたのは在ニューヨーク総領事館の芳沢謙吉だった、と述べている。が、思い違いであろう。前述の通り、芳沢はそのころ、外務省本省に勤めていて日本にいた。天風が渡米について相談した際に、芳沢からカーリントンのことを聞いていたようで、このあたりから勘違いが発生したのかもしれない。

生涯14

アデントン・ブリュース

「病が治る秘訣は病を考えないこと」と教えた、イギリスの神経科医。

渡英、渡仏　33歳

天風の言葉

はるばると大西洋を越えてイギリスへ行って、H・アデントン・ブリュース博士に会って、これも駄目。

『盛大な人生』

コロンビア大学で医学を学んだことを、天風は次のように回想している。

「とにかく生きていかなきゃならないから、支那人の通訳になって、アメリカのコロンビア大学へ入ったんだ。そして、そこを卒業して、それでまあとにかく、息つぎの金儲けをした」(『盛大な人生』)

通訳の仕事で多額の謝礼金を手にすると、天風は建国して歴史が浅いアメリカに見切りをつけ、イギリスに渡る。ロンドンには、アデントン・ブリュース博士という高名な神経科医がいると聞いたからだ。

ブリュースは、神経療法についての連続セミナーを開催していた。その壇上で、「最終日に病が治る秘訣を教える」と予告した。天風は期待を寄せる。ようやく、その日がやってくると、ブリュースは次のように語った。

「病が治る秘訣とは、病を考えないことだ。病を忘れよ」

病を忘れることが秘訣なら、どうすれば病を忘れることができるのか、が問題である。控え室を訪ねた天風に、「そう言っているかぎりは、いつまで経っても忘れることはできない。何をおいてもその体を治すことだ」と話すにとどまった。

これでは堂々巡りでしかない。天風が求めていたのは、方法論であった。しかし、肝心の方法論はなかった。後年、天風は心身統一法を創案し、病のことを考えなくなる方法（思想29）を編み出している。

そんなとき、天風の苦悩を見かねた日本の商社幹部が、「生命や人生のことならフランスだよ。いい人を紹介しよう」と声をかけた。

紹介状を手に、ドーバー海峡を越えてフランスに渡る。紹介先は、世界的名声を博した女優サラ・ベルナール（一八四四～一九二三）であった。彼女は六十代半ばと聞かされていたが、天風には娘のように若々しく見えた。

生涯15

ドリーシュが説いた限界

フランス発　34歳

「心は自由にならない」というドリーシュの結論で、天風は帰国を決意する。

天風の言葉

世界一の大学者（ハンス・ドリーシュ）の言ったことが本当だとしたら、俺は日本に帰ろう。どうせだめな命ということになったんなら、生まれ故郷の祖国の土になった方がいい。

『成功の実現』

あるとき、サラ・ベルナールは、「ドリーシュ博士のお教えを受けてみたら」と勧めた。ハンス・ドリーシュ（一八六七～一九四一）は、ドイツの生物学者であり、後に哲学に転じた。新生気論を主張したことで知られる。

ベルナールの紹介状を携えた天風は、「あれほど胆力があった軍事探偵時代の自分が、肺結核を患うと心まで萎縮し、弱くなってしまいました。心と体とは、どのような関係があるのでしょうか」と尋ねた。

まだ四十代半ばの気鋭の学者であったドリーシュは、「体と違って、心というものは、人間の自由にならないものだ」と断言した。欧米に救いを求めた天

『人間と世界像』

ハンス・ドリーシュ著『人間と世界像』畝傍書房、昭和16年5月10日発行。

帯裏には、
「あまりにも有名であったのに、あまりにも読まれなかったドリーシュ博士のはじめての邦訳書」
「ドリーシュは、最近物故したベルグソンと共に、現代の二大『生命の哲学』者とならべられ、(中略)今日の『生の原理』を支配する」
とある。
わが国でハンス・ドリーシュの名が知られていたことが分かる。

風にもたらされた結論は、「心は自由にならない」というものであった。

折しも、小康を得ていた天風の結核は、次第に悪化しつつあった。

「どうせ死ぬなら、生まれ故郷の土になったほうがいい。桜の咲く祖国、富士山のある祖国で死のう」

と決意する。

こうして約二年にわたる求道の旅に終止符を打った。帰国を決意したのは、おそらく一九一〇年五月二十五日であろう(通説では一九一一年。生涯27)。

天風は、小雨のそぼ降るマルセイユのほの暗い港をあとにした。

生涯16　カリアッパ師との邂逅《かいこう》

カリアッパ師はヨーガの導師《グル》。天風の恩師。その人物像は不明。

天風の言葉

帰郷を決心したその途上、カイロのホテルで、偶然にもヨガ（ヨーガ）の大聖人、カリアッパ先生に巡り会ったんだ。「おまえはまだ死ぬ運命じゃない。まだおまえは救われる道を知らないでいるから、俺と一緒においで」と。

『信念の奇跡』

帰国を決意した天風は、マルセイユの港からペナン（マレーシア）行きの貨物船に乗った。ペナンから、上海に渡るつもりだった。が、イタリアの軍艦がスエズ運河で座礁するという事故が起こる。そのころの運河は狭く、天風が乗った船はエジプトのアレキサンドリア港に停泊したまま。船の罐焚《かまた》きをしていたフィリピン人が、「せっかくだからピラミッドを見よう」と誘った。二人はカイロに着くが、天風は喀血し、カイロのホテルの食堂に入る。

そこで出会ったのが、ヨーガの聖者カリアッパ師であった（マルセイユの港を発って二週間。おそらく邂逅の日は、六月八日であろう）。カリアッパ師は、「おまえ、右の胸に非常な病を持っているね」と、流暢な英語で天風に話しかけた。続けて、「何の必要があって、おまえが、みずから墓を掘りに行こうとしているのだ。おまえが知らない方法で、おまえが助かる方法がある。私についてくるがよい」と語った。

このとき、天風はごく自然に、「サーテンリー（かしこまりました）」と答えたが、この言葉には「神の御心《みこころ》のままに」という祈りと同種の響きがあったであろう。

カリアッパ師はヨーガの導師《グル》であった。生没年は不明。天風ファンのあいだで、一九九〇年代から現地（ヨーガの里の跡と推測されるあたり）に赴き、カリアッパ師の人物像を探求しようという動きが一部にあるが、確定できるものはない。

大切なことは、「グル（導師、師匠）との出会いは、グルとの個人的な、そして神秘的な因縁すなわちつながりがないと起こらない」（佐保田鶴治『解説 ヨーガ・スートラ』）という事実である。つまり、因縁が熟さなければ、カリアッパ師との邂逅はなかったということだ。天風は欧米に救いを求めたが、こうした一連の努力が、カリアッパ師との出会いの準備になったのであろう。

生涯17 学びとは何か

ヨーガの里着 34歳

屁理屈を捨てること。捨てなければ、教えは素直に学べない。

天風の言葉

カリアッパ先生にこういうことを言われた。（中略）「おまえの知ってることは、ただもう値打ちのないことばっかりだ。（中略）もう少し馬鹿になれ」

『信念の奇跡』

カリアッパ師との不思議な縁に導かれて天風が向かったのは、ヨーガの里であった。インドの東北部、ヒマラヤ連山の東の端に、標高約八六〇〇メートルのカンチェンジュンガがそびえる。その山麓の村里に辿り着いた。

村里ではカリアッパ師は一身に尊敬を集めていた。天風は最下級のスードラ（奴隷）として村に入れられた。スードラは家畜よりも下に位置づけられる。

遠くから師の姿を仰ぎ見ながら、師の教えを待った。しびれを切らした天風は、「いつになったら教えをいただけますか」と直訴する。しかしカリアッパ師は、「おまえには、学ぶ準備ができていない」と、答えるにとどまった。

それでもひれ伏す天風に、師はどんぶりの形をした器を指さすと、「この器に水を満たして運んできなさい」と命じた。

天風が器を置くと、次に、師は別の器に湯を運ばせた。そして、「水を張った器のなかに、湯を入れてみよ」と命じる。湯を注ぐまでもない。「いっぱい入った水のうえから湯を注ぎますと、両方こぼれてしまいます」と、天風は答えた。

次の瞬間、「器の水がおまえだ」と、師は一喝した。「おまえの頭のなかには、屁理屈が詰まったままではないか。いくら私の教えを湯のように注いでも、おまえには受け取ることはできない。馬鹿になれ」

馬鹿になれとは、屁理屈を捨てよ、ということである。どんなにカリアッパ師がヨーガの教えを説いても、屁理屈を通して解釈するなら学びにはならない。頭をカラッポにすることが、学ぶ準備だと天風は気づいた。カリアッパ師は、「よろしい。生まれたての赤ん坊の心になって、今夜から私のところに来なさい」

と優しく言った。この日から師のそばで新しい学びを始めていく。

生涯18

ヨーガの修行

ヨーガの修行　34～35歳

欧米の常識とかけ離れた生活のなかで、新たな価値に気づく。

天風の言葉

夜が明けると山に入って、日が暮れると帰ってきて、明かりがない国ですからね、インドのヒマラヤ山脈の麓で生活を続けているうちに、（中略）私は私なりの人生観を自分の心のなかに考えだした。『盛大な人生』

天風は、ヨーガの里でどんな修行をしたのか。生活そのものが、修行であった。生活即修行という考え方は、天風の生涯を貫くことになる（思想78）。

その一つに食生活があった。ヨーガの里での食べ物は極めて粗末だった。

「向こうの土地（ヒマラヤの奥地）では、日にたった一遍しか食わせないんだ。（中略）水漬けにした稗《ひえ》を、煮もしなきゃ、炊きもしないのよ、ふやけてるだけ、そいつをバナナの葉の上にもって、手でヒューッとしゃくって食べるだけ。これが、主食だ」（『いつまでも若々しく生きる』）

欧米では、滋養があるものを摂って肉体を養わなければ肺結核を治せない、というのが常識である。天風は、こんな乏しい食事でよく病にもならずに生きているものだ、と疑問を持った。ヨーガの里では、毎日六キロメートルの山道を登ったところで修行をする。その行き帰りは話すことを許された。

「カロリーが乏しい食事だけで、よく病むことなく生きてますね？」

と疑問をぶつけた。カリアッパ師はロバに揺られながら、「生き方の違いだよ」と答えた。「私たちは気《き》で生きている。肉体で生きてると食い物が必要になるが、気で生きてるから乏しくても大丈夫なのだ」と教える。そして、「肉体で生きてるような、まぬけな生き方をしているから、おまえは患っているのだ」と諭した。

やがて天風は「気で生きる」という生き方を修得すると、「養生負けしていたのだ」と、ふり返っている。欧米とは違った生き方があったのだ。

ある日、師は、天風の足と犬の足を同時に傷つけた。一週間後、犬の足はすっかり治っていた。「おまえは傷を気にしてばかりいるから治りが遅いのだ」と諭す。ほかにも、坐禅をして心を清浄にし、そんな清浄な心でカリアッパ師から出された問題を考えるという瞑想をおこなった（生涯19～21）。

ヨーガの修行 34〜35歳

生涯19

地の声を聞く

意識を集中して〝一念〟になれば、対象は明確に把握される。

天風の言葉

聞こえるはずがないと思ってりゃ聞こえないなあ。(中略)あしたっから岩かどで、瞑想の合間あいまに時々、鳥や獣や風の声を聞こうと思って、とにかくその音をつかまえる気分をだしてごらん。

『盛大な人生』

天風の修行が板についてきたころのこと。

カリアッパ師は森の奥に入ると、滝の轟音が耳をつんざく場所を指定し、「ここで瞑想し、地の声を聞きなさい」と課題を与えた。切り立った崖から落ちる水の轟音。師がこの滝壺を選んだのは、滝の音が必要だったからだ。「いいか。地上には、鳥や獣や虫の声がある。風に吹かれて木々がたてる音がある。これらが地の声だ。その声を聞きなさい」

滝にかき消されて、地の声などわずかにも聞こえない。しかし声は確実に存在しているはずだ。翌日、地の声を聞こうとする天風の視野に、小鳥の姿がか

天風の坐禅法

天風はあぐらを少し崩した感じで、ゆったり足を組んでいる。
手はいつも、親指と人さし指でめがねの形をつくっていた。この組み方を「上品上生印《じょうぼんじょうしょういん》」と呼ぶ。

すめた。

小鳥は滝壺の苔むした岩から岩へと小さく飛び交う。その姿を追っていると、チ、チと囀《さえず》る鳥の声が聞こえたように感じた。「小鳥に焦点を向けたら、滝の轟音のなかから小鳥の声が届いた」と、天風はコツをつかむ。意識を一点に集中すると、対象は明確に把握される。

これが地の声か。天風は意識を遠くに投げかけてみた。次第に森の奥から、獣が吼《ほ》える声が聞こえる。

数日後には、さまざまな声が聞き取れるようになった。後年、天風は意識を一点に集中する「一念法《いちねんほう》」（思想49）を考案している。

生涯20

天の声を聞く

ヨーガの修行　34〜35歳

思いにとらわれない〝無念〟の境地に達すれば、本然《ほんぜん》の力が湧く。

天風の言葉

どんな音を耳にしても、心がそれを相手にしないと、そのとき天の声がわかってくるんだよ。

『盛大な人生』

地の声が聞こえるようになると、カリアッパ師は、「天の声を聞くのだ」と新たな課題を出した。

地の声に対して、天の声とは何か、不明なままに天風はその声を聞こうとして半月が経過する。工夫を凝らすが、いっこうに聞こえない。見かねた師がヒントを与える。

「いいか。どんな音がしようと、その音を相手にしないことだ。心が相手にしなければ、天の声が聞こえてくるだろう」

音を相手にしないとは、どういうことか、どんな音が聞こえても、「相手にすまい」と天風は努力する。すると、「相手にすまい」という意識にとらわれる。

日の出とともに起き、森の奥深い滝壺のほとりで坐《ざ》を組む。こうして三カ月が経つが、依然として天の声は聞こえない。ついに天風は諦め、ごろんと仰向けになった。空には悠然と雲が漂っている。

どれくらいの時間が経ったであろうか。変化する雲の形を眺めていたとき、耳にはいろいろな音が聞こえながら、天風の心は音から離れていた。「これが天の声ではないか」と、天風は気づく。

耳に聞こえるさまざまな音は、ただ音であり、音でしかない。心は音にとらわれていない。聞こえてくる音から自由である。いわば、心は静寂を聞いている。

このことこそが、天の声を聞くことではないか。天風はわが身に起こった体験をカリアッパ師に告げた。師は静かにうなずきながら、「それが天の声だよ。天の声とは、声なき声だ」と認め、「天の声を聞いたときには、本然の力が湧くのだ」と語った。天の声を聞くとは、思い（念）にとらわれないことである。

この境地を〝無念〟と呼ぶ。あるいは「霊性意識」（思想07）と言ってもいい。何ものにもとらわれないので、天（宇宙霊）と通じて本然の力が湧いてくる。

生涯21 坐禅と瞑想

ヨーガの修行 34～35歳

坐禅とは〝考えない〟こと。瞑想とは静かに〝考える〟こと。

天風の言葉

安定打坐《あんじょうだざ》という特殊な方法を行なうと、雑念妄念がたちどころに消え去っていく。（中略）心が真理と取り組んでいこうとする傾向に自然になるので、真理瞑想の内容が、心の中に正しい悟りとなって現われてくる。

『運命を拓く』

地の声を聞く、天の声を聞く、という滝壺での瞑想とは、何だったのか。カリアッパ師から与えられたこれら二つの課題は、一対のものである。それは、次の二つの境地をつかむためのものだった。

◎地の声を聞く――意識を集中して〝一念〟の境地をつかむ（生涯19）。
◎天の声を聞く――対象にとらわれない〝無念〟の境地をつかむ（生涯20）。

まず、天風は、滝の轟音にかき消された音（たとえば、小鳥の囀《さえず》り）に焦点を合わせ、この音を聞こうと集中することで、一念の力（集中力）をつけた。

これが地の声を聞くことであった。

次に、天の声を聞くという課題に挑む。どんな轟音のなかでも、音を相手にしないで静寂を聞くという修行によって、心に湧きあがる念（雑念や妄念など）にとらわれない〝無念〟の境地をつかむことができた。

このように、地の声を聞く→天の声を聞く、とは、「一念→無念」へと意識を純化させていく一対の課題だったのだ。

後年、天風は「一念→無念」へとたやすく境地をシフトさせる方法を編み出している。これが安定《あんじょう》打《だ》坐《ざ》法《ほう》（思想46）にほかならない。よく、安定打坐法を瞑想法だと誤解している人がいる。確かに、天風は滝壺における瞑想によって、安定打坐の本質をつかんだ。しかし、安定打坐法は「坐禅」であって、「瞑想」ではない。両者の違いは次の通りである。

◎坐禅——雑念や妄念を払って〝考えない〟（無念になる）こと。

◎瞑想——瞑目して静かに〝考える〟（課題に対する答えを案出する）こと。

天風が瞑想と言う場合は「真《しん》理《り》瞑《めい》想《そう》行《ぎょう》」（思想55）を指している。真理瞑想行とは、坐禅の姿勢で、正しい真理に合致するまで思いを巡らすことだ。

生涯22

天風の悟り

他力（宇宙霊の力）を受けて、自力的に強く生きる。

修行の修了 35歳

天風の言葉

肉体が自分じゃなくして、目に見えない霊魂というものが自分で、そうしてそれが自分のいっさいを動かしてるんだと、こう思うところに本当の悟りがあるわけなんだ。

『盛大な人生』

天の声を聞くという修行を終えた天風に、カリアッパ師はこう語った。少々長いが、至言なので引用しておこう。

「たとえ病がないときでも、病のことを心が考えりゃ、病があるのと同じだ。運命がよくっても、いいか、運命が悪いときのことを考えてりゃ、その人は運命が悪いのと同じだ。（中略）

すべてが心だ。だから、肉体の病は肉体のものにして、心にまで迷惑をかけるな。心に迷惑をかけたくなけりゃ、時にふれ、折にふれて、心に天の声を聞かすようにしろ。つまり、声なき声のあるところこそ、心の本当のやすらぎの場所だ。たまには心をやすめてやれ。そこに心をやすませてやると、いっさいの迷惑が心にかからない。すると、心はすぐ本然《ほんぜん》の力が命のなかで働きだすようにしてくれる」（『盛大な人生』）

教えを逃すまいと、言葉を一つひとつ脳裏に刻んだ天風は、

「それから以後は、心をただ天の声と同化させることだけを、折あるごとに、時あるごとにやった」（同書）

と述懐している。心を天の声と同化させると、本然の力が湧く。その源泉は、宇宙霊（思想04）であった。天風が悟った内容をまとめておこう。

◎わが生命は、この宇宙を成り立たせている宇宙霊（大生命）と通じている。

◎本当の自分とは、この宇宙霊（大生命）から分派した尊い存在だ。

天風が悟ったのは、宇宙霊と個々の生命はつながっていて、宇宙霊によってわが生命は生かされている、ということだ。これは、他力（思想57）に目覚めることにほかならない。他力とは、人間を超えた大いなる力に〝生かされている〟という感覚である。天風は、天の声と同化することで、他力からもたらされた本然の力を受け、この力を用いて自力で生きる（思想56）ことを悟った。

生涯23

天風誦句《しょうく》

大理石に刻まれた悟りの言葉をもとに、天風が創案した真理の言葉。

修行の修了　35歳

天風の言葉

誦句は、黒豹の群がるインドの山の中で、あちらこちらにある大理石に、悟りを開いた人達の言葉がサンスクリットで彫りこまれてあった。その言葉をもとに作ったものである。

『運命を拓く』

天風が修行したヨーガの里では、あちらこちらの岩に、先人たちが刻んだ言葉が残されていた。悟った瞬間の歓喜が刻ませたものである。

ただ、それらの言葉はサンスクリット語で刻まれていて、天風には読めなかった。カリアッパ師は、天風が悟ったのを見届けると、一つひとつ英語に翻訳した。

これらの言葉は、悟っていない人には、ただの言葉でしかない。しかし、悟りを介すると、体験事実として響いた。先人たちの歓喜は、天風の歓喜でもあった。天風はみずからの悟りをふまえて、これらの言葉をもとに珠玉の誦句を

天風の手書きの『誦句集』（筆者蔵）。和装本。帙《ちつ》、桐函入り。1962年4月10日筆。
函に「箴言」、帙に「統一誦句集」の文字。墨筆によって、『天風誦句集（一）』に収められた誦句が丁寧に書かれている。
天風は永年にわたって修練会に参加するなど、顕著な努力がみられた弟子に、このような誦句集を与えることがあった。

創案した。

現在、二冊の誦句集――『天風誦句集（一）』と、続編の『真理行修誦句集』にまとめられている。

天風誦句の背景には、先人たちの連綿とした悟りの体験がある。しかし、天風が創案した時点で、それらは天風自身の悟りの言葉となった。

天風誦句を一言で表現すると、霊性の自覚へと導く「真理の言葉」と言えるだろう。

これらの言葉を天風は、真理瞑想行（思想55）のまとめとして、朗々と語り上げた。弟子たちは瞑目して、素直な心で受け取る。こうして、天風が悟った「真理の言葉」によって頓悟《とんご》するという理入《りにゅう》（思想66）が位置づけられた。

生涯24 肺結核のその後

肺の上部三分の一に結核病巣があるも、大部分は治癒していた。

インド（もしくはネパール）発　35歳

天風の言葉

「天風さんのような片肺ない人間だって九十までああやって元気で生きられるんだから、俺なんか百まで生きられる」ぐらいに思っているかもしれないが、（中略）そんなに都合よく生きられるものじゃないんですよ。

『成功の実現』

一九一一（明治四十四）年の終わりごろ、天風はヨーガの里を去った。では、結核に冒された天風の肺は、どうなったのか。天風会会員で内科医の今津三郎は、肺のレントゲン写真を診て、次のように記している。

「左右肺上部より肺尖部にわたり、広く多数の結核性浸潤像を認める。両肺とも上部三分の一は大小不同の結核病巣である。その大部分は自然治癒している。一部は増殖性ではあるが、自然治癒力が強く働いている。結核菌によって肉体を滅ぼされる心配はない」（『哲人　中村天風先生抄』）

この所見は、一九五九（昭和三十四）年八月八日のもので、天風は八十三歳である。肺結核の進行は、ヨーガの里において止まったのだろう。右の天風の言葉では、「片肺ない」とあるが、今津の所見では両肺とも上部が冒されている。

この所見の十年前（一九四九年）の逸話である。北海道の講演のために、天風は青函連絡船で移動していた。たまたま医科大学の教授たちと乗り合わせ、彼らは天風の肺をポータブルのレントゲンで撮らせてほしいという。

レントゲンを撮っているうちに、北海道に着いてしまった。三日後に講演会場を訪れた医師たちは、「このような肺で、大きな声を出して講演するなど、できるものではない」と診断を下した。さらに、医師たちの所見として、「講演をやめたほうがいい。でないと、長生きできない」と伝えた。

このとき、天風は七十代前半である。すでに長生きしている。しかも、三十年間も講演し続けて無事であった。天風は、

「あなた方の知らない方法をおこなうことによってかくあるんだ」（『信念の奇跡』）

と、ヨーガの里でつかんだ方法のおかげだと語った。実際、天風はその後も講演の激務をこなし、九十二の天命を得たことは周知の通りである。

生涯25

第二次辛亥《しんがい》革命

〝中華民国最高顧問〟として孫文を支えるが、革命は失敗する。

中国滞在 35〜37歳

天風の言葉

インドからの帰りがけに、支那（中国）の辛亥革命のときに、同郷の先輩、山座圓次郎《やまざえんじろう》公使に頼まれて、孫逸仙《いっせん》（孫文）の片腕になって働いた。

『心に成功の炎を』

天風は、一九一三（大正二）年八月に日本の土を踏むまで、約一年九カ月を中国で過ごしている。では、中国に留まった理由は何か。また、この地で何をしていたのか。講演で次のように語っている。「密航で日本を出た関係上まっすぐには日本に帰れないので、途中、支那の辛亥革命運動に参加してから日本に戻ってきて、舞子の八角堂（外観が六角形に見えるところから、地元では〝六角堂〟と呼ばれる）に半年いた」（『信念の奇跡』）と。

中国に留まった理由――オリソン・S・マーデン（生涯12）に教えを請うため、天風はアメリカに密航した。この密航の罪の時効成立を待とうとしたため。

中国で何をしていたのか――偶然にも上海に渡っていた恩師・頭山満と再会した（生涯27）。天風はこのとき、孫文らと行動をともにしている。一九一三年七月に、同郷の山座《やまざ》圓次郎《えんじろう》（一八六六～一九一四）が駐中国特命全権公使として赴任。一方、孫文は国民党系の革命勢力を挙兵させ、七月十三日、袁世凱《えんせいがい》政権の打倒をめざして蜂起する。第二次辛亥革命である。山座は孫文の活動を支持しており、旧友の天風に孫文を支援するよう要請した。天風は〝最高顧問〟として孫文を支える。しかし、蜂起は二カ月で鎮圧され、挫折する。

その寸前に、孫文は日本に亡命。このとき、天風も帰国し、神戸に着岸するが、密入国だったのだろう。その後、天風は、神戸の中国人実業家・呉錦堂《ごきんどう》の別荘に匿《かくま》われた。呉錦堂は、孫文の中国国民党の神戸支部長だった。天風は、講演で「舞子の八角堂に半年いた」と語っているが、実際にいたのはこの別荘であろう。明石海峡に面した舞子浜は、白砂青松の景勝地だ。ここから、松海《しょうかい》山荘と名づけられた別荘は、この年（一九一三）、孫文の歓迎会の会場としても使われた。これを記念して改築され、一九一五年に移情閣《いじょうかく》と呼ぶ八角形の建物になった。現在は公園内に移築され、孫文記念館として一般公開されている。

生涯26

実業界への転身

東京実業貯蔵銀行頭取、大日本製粉重役などを務める。

帰国 37歳

天風の言葉

辛亥革命運動に従事して、うんと金もらって日本に帰ってからも、欲を捨てるなら、そんなもらった金、みんなまいちまえばいいのに、まくどころか、それを元にして銀行を経営したり、実業会社をこしらえたり。

『盛大な人生』

亡命した孫文から、天風は残っていた軍資金の一部をもらった。莫大な金である。これを元手にして銀行を経営したと語っているが、その銀行名を「東京実業貯蔵銀行」という（この名称の記録は見つからなかった。あるいは、第百銀行の関係者が一八八〇年に開業した「東京貯蔵銀行」と関係があるのか？）。

天風がこの銀行の頭取になった経緯はこうだ。明治の大実業家である平賀敏（一八五九～一九三一）に相談すると、彼は、「第百銀行の池田（頭取の池田謙三）という人に私（天風）を紹介して、私を当時の東京実業貯蔵銀行の頭取にしてくれた」(『盛大な人生』)と(やはり第百銀行が絡んでいる)。

ほかにも、大日本製粉株式会社などの重役に就く。とにかく、金はあり余っていた。遊び仲間であった山下亀三郎(山下汽船の創業者、船成金の代表格)は、「金を湯水のように使うって人はあるけれども、金をまいて遊んだのは中村天風だけだ」(同書)

と、その遊びっぷりを評したそうだ。天風は、

「芸者、たいこもちを座敷に呼んでおいてね、その時分に大きな二銭銅貨があったんだが、そいつをたいてい、百円ぐらい両替して、バーッとまくんですよ」(同書)

と語る。当時の百円というのは、大卒サラリーマンの初任給の二倍ほどであろう。当時を知る別の人物は、「あの人はね、湯水どころか、まいた人だ。私はあの人を人格的に尊敬しません」(同書)と冷ややかであった。

では、当の天風は楽しかったのか。

やりたい放題にやってはみたものの、そのことによって満たされることはなかったようだ。ヨーガの里で悟ったはずの天風にも、俗な欲が疼いたのかもしれない。しかし、結局、心に添うような楽しみではなかった。

生涯27

年譜――求道から帰国まで

欧米に絶望した天風が、カリアッパ師のもとで修行したのは一年半。

天風の言葉

私は西暦一九〇九年の春まだ浅い三月に、大きな望みを持って日本を発ち、越えて二年、足かけ三年、西暦一九一一年の五月、心に何の希望もない魂の脱け殻みたいになって、マルセイユを発った。

『幸福なる人生』

若き天風がアメリカに密航したのは、いつごろだったのか。帰国までの年譜をまとめておきたい。右の天風の言葉によれば、密航したのは一九〇九年三月のようだ。その後、イギリス→フランスへと渡る。しかし、求める答えは得られなかった。失意のうちに帰国を決意した天風は、帰途、カリアッパ師と邂逅《かいこう》(生涯16)。ヨーガの修行を経て、一九一三年に日本の土を踏む。この間の流れを時系列で追っておこう。

①アメリカに向けて出国する。

②コロンビア大学医学部に籍を置き、学位を取得したという(名義は孫逸郎)。

③イギリスに渡り、その後はフランスなどで求道の旅をする。
④フランスでは、世界的な女優サラ・ベルナールのもとに身を寄せる。
⑤人生の答えが得られないまま病が悪化。フランス・マルセイユの港を発つ。
⑥エジプトで聖者カリアッパ師と邂逅し、インド（ネパールとも）でヨーガの修行。
⑦修行が終わり、インド（もしくはネパール）を発って上海へ。
⑧上海で恩師・頭山満と再会。
⑨一九一三年七月、第二次辛亥革命が起こる。天風は孫文を支える。
⑩第二次辛亥革命が挫折し、一九一三年八月に日本へ帰国。
以上の流れである。なお、④と⑧については、次の記録が残っている。
④について——サラ・ベルナールがフランスにいたのは、一九一〇年九月まで。十月からはアメリカでの巡業が始まる（アメリカ巡業は一九一一年五月まで）。
⑧について——頭山満が上海に渡ったのは、一九一一年十二月のこと。上海→北四川路→大連と移動し、翌年の遅くとも五月までには帰国している。孫文（中華民国の政治家）との密談中に、飴屋に変装した刺客が頭山に銃口を向けるという事件が発生したのは、このころのことであろう（生涯05）。

冒頭の天風の言葉では、マルセイユを発ったのは一九一一年五月である。これが通説だが、ここで問題が発生する。⑧の頭山満との再会は一九一二年一月ごろと推測されるから、マルセイユを発った天風は、わずか八カ月足らずで頭山と再会したことになる。すると、⑥のヨーガで修行をした期間がごく短いものになってしまうという問題である。

実際はどうであったのか。門人の中村至道《しどう》（国学院大学教授。一八九三〜一九六〇）は、その著『哲人 中村天風』において、次のように記録している。

◎天風がアメリカに向けて出国（密航）したのは、一九〇八年五月十一日。

◎天風がマルセイユを発ったのは、一九一〇年五月十一日（マルセイユを発った日付は、五月十一日説や二十五日説などがある。本書では後者をとる）。

至道は初期の弟子であり、その記録は信頼性が高い。さらに、サラ・ベルナールがフランスにいたのが一九一〇年九月までであることを考慮すると、①〜⑥を一年前倒しにしないと、つじつまが合わない。こうして浮かび上がってくるのが、左の年譜の推定年月だ。天風がカリアッパ師と邂逅したのは、一九一〇年六月のことであり、師のもとで約一年半の修行をしたと考えられる。

	通説	推定年月
軍事探偵が解散となり、高等通訳官に就く。	1906年	1906年
奔馬性肺結核にかかり、喀血する。	1906年	1906年5～6月頃
オリソン・スウェット・マーデン著『如何にして希望を達す可きか』に出合い、著者に会うために出国。	1909年～	1908年3月 （中村至道の説は1908年5月11日）
上海を中継して、アメリカに着く。		1908年4月
コロンビア大学医学部に籍を置く。		1909年
イギリスに渡る。その後、フランスのサラ・ベルナールのもとへ。		
欧米での旅で求める答えを得られず、帰国を決意。フランス・マルセイユを発つ。（サラ・ベルナールは、1910年10月～1911年5月までアメリカ巡業）	1911年～	1910年5月25日 （中村至道の説は1910年5月11日）
エジプト・カイロでヨーガの聖者カリアッパ師と邂逅。		1910年6月8日
カンチェンジュンガ山麓のヨーガの里へ。この里で修行し、やがて悟りを得る。		1910年6月～1911年末頃まで
インド（もしくはネパール）を発ち、上海に着く。		1911年末頃
恩師・頭山満と再会。（頭山満は1911年12月に上海に渡り、北四川路→大連へと移動）		1912年1月頃
第二次辛亥革命に参加。		1913年7月
日本へ帰国。	～1913年	1913年8月

※巻末の年譜は通説にしたがう

生涯28 『こころの力』（心力歌）

『こころの力』原案 39歳

全八章から成る小冊子。成蹊学園の中村春二の依頼で、天風が原案をつくった。

天風の言葉

この『心の力』の章句は、大正四年に、成蹊学園の中村君から頼まれて、私が書いてやったものだよ。

『中村天風先生に教わった心の力』

一九一五（大正四）年に刊行された『こころの力』（心力歌ともいう）という小さな冊子がある。発行したのは、名門校の成蹊学園（一九一二年創立）。その創立者である中村春二（一八七七〜一九二四）が、同志の小林一郎（一八七六〜一九四四）に文章作成を依頼した。全八章から成り、お経のように音読できる。実際、生徒たちに音読され続けた。

春二の教育方針は独特で、彼は「凝《ぎょう》念《ねん》法《ほう》」という精神集中法を考案した。端坐（姿勢を正して坐ること）して目を閉じ、雑念や妄念を払い、無念無想の境地に身をおく方法であり、天風の安定《あんじょう》打《だ》坐《ざ》法《ほう》と近いものがある。

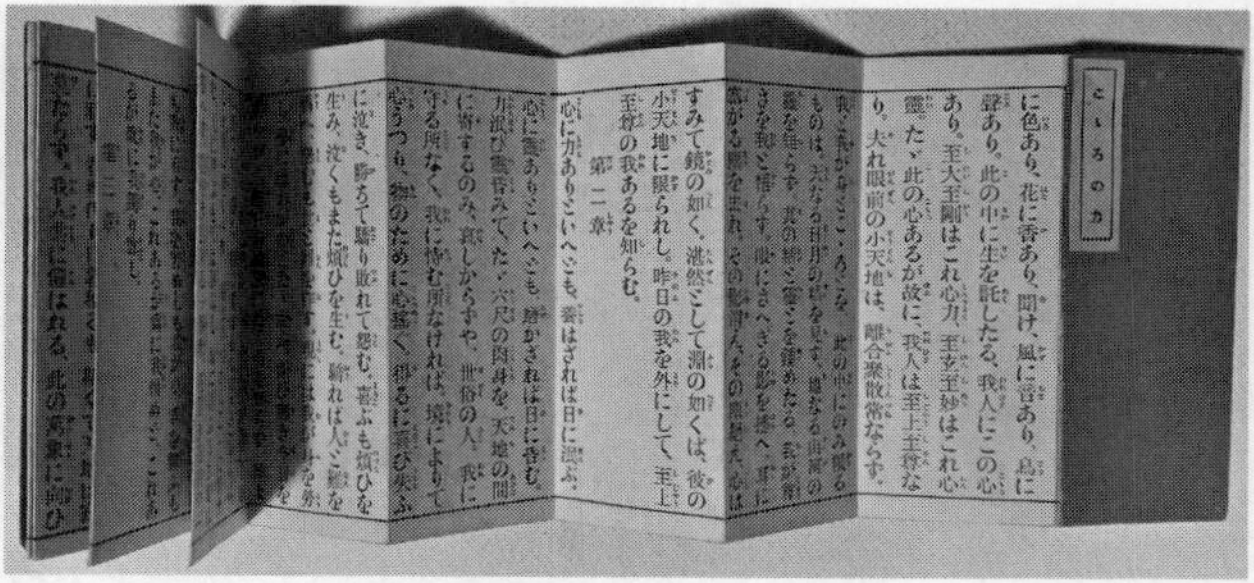

成蹊学園編『こころの力』成蹊学園出版部、大正4年10月20日初版。全8章から成る、蛇腹折りの小さな冊子である。
成蹊学園創立者の中村春二が、同志の小林一郎に依頼して成った。全文と現代語訳は、拙著『中村天風　「心の力」瞑想録』に収録。

あるとき、天風門下の一人が、『こころの力』のことを話したところ、天風が語ったのが右の言葉である。くり返すと、

「『心の力』の章句は、大正四年に、成蹊学園の中村（春二）君から頼まれて、私が書いてやったものだ」（森本節躬『中村天風先生に教わった心の力』）

という。ヨーガの里から帰国して二年。そのころの天風が原案を作ったのであろう。実際、『こころの力』の章句は、天風哲学と酷似している（拙著『天風哲学で読み解く中村春二の「心の力」』参照）。天風の原案を修飾し、小林一郎が完成させたと考えられる。

生涯29

磐城《いわき》炭鉱のストライキ収拾

坑夫たちのストライキを、真心と信念をもって解決する。

ストライキ収拾　42歳

天風の言葉

俺は今、この人間たちの気の毒な状態を救いに来たんだ。喧嘩しに来たんじゃない。救いに来るという気持ちは真心なんだ。（中略）その人間に弾が当たってたまるか。

『成功の実現』

磐城《いわき》炭鉱のストライキを収めたという逸話がある。いつごろの話か。天風が上海から帰国したのが一九一三年八月。その後、実業界に転身。帰国から六年後に心身統一法の宣布（生涯31）をおこなう。その前年（一九一八年）の春のことだ。

福島県の磐城炭鉱（常磐炭鉱の前身）でストライキが起こった。坑夫たちは筵《むしろ》を旗にして立てこもる。農民一揆では、旗の代用に筵を用いたが、この発想に連なるものであろう。経営者側の焦りは募り、解決を頭山満に委ねた。

経営者は、浅野総一郎。資本金として、浅野が約二六％、渋沢栄一が一五％

を出資し、この二人で全体の四〇%を超える。天風は、「炭坑主は浅野《あさの》総一郎《そういちろう》、金は根津《ねづ》嘉一郎《かいちろう》が出した」（『成功の実現』）と語っているが、根津嘉一郎は出資していない。勘違いであろう。

恩師の頭山から、「磐城炭鉱が騒ぎよる。おぬし行って鎮めてくれ」と依頼された天風は、その足で現地に向かう。炭坑の入り口には橋がかかり、足を踏み入れたとたん、向こうの端から坑夫が鉄砲を撃つ。威嚇射撃である。かまわずに天風は橋を進む。外套の腰のあたりをブスッと弾が貫いた。意に介さずに突き進んだときの心境が、右の天風の言葉である。

正義のために信念をもって行動する人間に弾は当たらない、という確信があった。大局から事態を読んでいたのだろう。当たらないということが自明のことだったにちがいない。

橋を渡り切ると、坑夫たちに、「そこに積んである貯炭を売っちまえ」と指示して、ストライキを収める。この解決策に不満を持った経営者側は、背任罪で天風を訴えた。「こちらに任せると言った以上は、天風が何をしようと勝手じゃ」という頭山の一言で、訴えは取り下げられた。

生涯30

虎の檻《おり》に入る

馴らし中の虎の檻に入った天風。その写真が新聞に掲載される。

虎の檻　42歳

天風の言葉

頭山先生がニッコリ笑ってね、「勢いのあるやっちゃなあ。天風、いっちょう入ってみるか」と、こう言ったんであります。（中略）それでスーッと私、なかへ入っちゃったんだ。二重になってるんです、虎の檻っていうのはね。

『盛大な人生』

天風が虎の檻《おり》に入ったという逸話がある。これも磐城炭鉱のストライキ収拾の逸話（生涯29）と同じく、一九一八（大正七）年の話だ。

イタリアからコーンという猛獣使いが来日した。有楽町で猛獣のショーを開催するためであった。コーンはかねて頭山満《とうやまみつる》のうわさを聞いており、イタリア大使館を通して面談を求めてきた。天風ら三人の者が頭山にしたがった。

コーンは頭山に会うと、「猛獣の檻に入っても、あなたにはけっして猛獣は襲いかかりません」と挨拶がてら言った。猛獣使いは人の目を見て、その人の心が定まっているかどうかを判断するという。さらに天風を見て、「この方も大丈夫だ」とつけ加えた。コーンに案内された楽屋で、檻のなかから虎が三頭、低い唸り声を上げた。まだ馴らしている途上だと言う。頭山は、「勢いのあるやつじゃ。天風、いっちょう入ってみるか」

と促した。天風が虎の檻に近寄ると、コーンは二重扉を順に開けた。虎は、天風の周りに寄ると、二頭がうずくまり、一頭が後ろにいた。新聞記者がフラッシュをたいて写真を撮ると、虎が牙を剝く。このときの写真が新聞に掲載されたという。天風は、猛獣がなつくのは「霊的作用の感化」で、「すべての雰囲気をスーッと同じ状態にしちまう」(『盛大な人生』)からだと語っている。

門人の中村至道《しどう》は、天風が猛犬を飼った逸話を紹介している。ある親睦会で赤坂の待合茶屋にいたところ、裏庭で犬(秋田犬)のうめく声がする。数日前、おかみの愛犬が何者かにこん棒で殴られた。以来、狂犬のようになり、犬を殺処分するという。天風が痛められたところに手を当てると、犬は穏やかになった。そこへ警察と獣医が駆けつけたが、天風は追い返して飼い犬にしたという。これなども深いレベルで犬との交流がおこなわれたのであろう。

生涯31

心身統一法の宣布

天風四十三歳にして、救世済民のため一念発起する。

大道演説の開始 43歳

天風の言葉

お釈迦さまは七月八日に始めたっていうから、俺は六月八日だ。にぎり飯をこさえてくれ、にぎり飯を。

『盛大な人生』

一九一九（大正八）年六月八日——天風は、上野公園や芝公園での大道演説を開始した。まず、鈴を鳴らして、人を集める。

「雨が降ろうが、風が吹こうが、焼きむすびを腰にぶらさげまして、お昼前が上野公園の精養軒の前のあの四角な石の上で講演をした」（『心に成功の炎を』）と述懐している。人が集まると、天風はあえて荒っぽい言葉を交えて語り始める。では、なぜ、六月八日に始めたのか。そもそも、動機は何か。

右の天風の言葉では、お釈迦さまより一カ月先んじるためだという。じつは、六月八日は、カリアッパ師との邂逅《かいこう》の記念日だったからではないか（生涯16）。

ヨーガの里から帰国した天風は、金をばらまくような実業家生活を送っていた。「インドから帰りたての大正二年から大正八年までの間、どっちが本当の人生かと迷った」(『信念の奇跡』)と語っている。帰国後の俗にまみれた人生か、それともヨーガの里での真理探究の人生か、どちらが納得できるかという迷いである。

そんなとき、妻のヨシから、人生に悩んでいる知り合いに、あなたの体験を話してほしいと頼まれ、その話が喜ばれて心の充実感を覚える。さらに、頭山満の代わりに壇上に立った天風は、聴衆の覇気のなさに歯がゆさを感じた。そんな体験が重なって、心身統一法を宣布する動機となったのであろう。

では、どんな準備をしたのか。まず、実業界から身を引いた。妻子を路頭に迷わせないよう、最低限の経済的な準備をした。みずからは、十カ月分の家賃を用意し、当時の麴町区内幸町の経国銀行二階に事務所を置いた。

もちろん、始めるにあたって妻に相談している。彼女は、天風の本気度を確かめたうえで、「いい志のために乞食になろうと、何になろうと、それは満足です」(『成功の実現』)と、背中を押した。

生涯32
修練会

十日間に及ぶ夏期修練会のこと。ここで心身統一法を修得する。

先頭を切って戸外修練 70歳近くまで

天風の言葉

私は昭和の二十年まで、天風会の夏の修練会で、会員のなかでトップをきって駆け足しておりました。

『君に成功を贈る』

天風の大道演説を聞いた向井巌《いわお》（一八五八〜一九三六。平壌控訴院検事長を務めた）は、「野天で講演させる人じゃない」（『心に成功の炎を』）と直感した。さっそく、ある社交倶楽部に招き講演を依頼した。向井に見出されたことで、時の総理大臣・原敬《たかし》（一八五六〜一九二一）らにつながっていった。

時とともに、天風の講演は体系化の度合いを深めていく。完成した体系を「心身統一法」（思想03）と呼ぶ。では、心身統一法はいつできたのか。

「心身統一法は昭和に入ってからできた体系で、当時は私の体験を漫談式に話しただけなんだ」（『信念の奇跡』）

夏の修練会のひととき。
左は、愛犬家の天風（63歳）。昭和14年。智積院にて。
右は、バットを振る天風（65歳）。昭和16年7月。本禅寺にて。野球を好み、休憩時間にキャッチボールなどをしている写真が数多く残っている。

と語っている。とはいえ、天風が統一法を意識していたことは、当初から「統一哲医学会」という看板を掲げていたことからうかがえる。

この体系が具体化して「夏期修練会」となった。戸外での体操法と、室内での講座や坐禅がバランスよく構成されている。

天風は七〇歳近くまで、若い参加者の先頭を切って走った。修練会は、当初は十日間にも及ぶもので、余興なども組み込まれていた。開催地は、東京、大阪、京都、神戸、名古屋などであった。現在はコンパクトな日程になっている。

生涯33

インスピレーション

雑念や妄念を取り除くと発揮できる霊感。

天風の言葉

造物主のスーパーノリッジ(宇宙創造の叡智《えいち》)が、私の頭脳に発達すると、インスピレーションがでるんです。(中略)疑いやしないけど、当たるとね、不思議だなあと思う。
『心に成功の炎を』

夏期修練会では、インスピレーションを高める練習が組み込まれていた。雑然と並べられた品物を一瞬見た後、何が並んでいたかを言い当てる練習。時計の音がかろうじて聞こえる程度に離して、その音を注意深く聞く練習などだ。

また、雑念や妄念を払って、無念(無念無想)の境地に達する安定打坐法《あんじょうだざほう》(思想46)も、インスピレーションを高めた。「インスピレーションというものは、心が無念無想の空《くう》になったときにサッと出てくる」(『信念の奇跡』)と、天風は言う。

ヨーガの里で修行していた、ある夜のこと。カリアッパ師は、「月をよく見なさい」と課題を与えた。十五分ばかり経つと、「見た月を地面に描きなさい」と指示する。天風は泥のうえに丸いものを描いた。「それだけではあるまい」と師。改めて眺めると、月にはさまざまな模様が浮き出ていた。これらを克明に把握することで認識力を高める修行は、一念法《いちねんほう》（思想49）と呼ばれる。やり続けると、眼底に月の形を映しえるようになる。もともと軍事探偵という類まれな能力を持った天風が認識力を磨いたのだから、相当な境地に達している。

「認識力の養成ができると、パッと顔を見ただけで、その人が何を思っているかということがわかるんだ」（『心に成功の炎を』）

と語る。認識力が高まると、インスピレーションが発揮できる。天風は、妊婦を見ただけで、お腹のなかの子どもの性別をピタリと当てることができた。しかし、稀に外すこともあったようだ。妊娠して少しお腹がせり出した妻を連れて、講習会に参加した門下生がいた。

「『うん。元気な子だ。これは男だね』とお墨付きをいただいたが、元気な女の子が産まれた。しかし男子並の活発な子であった」（『哲人 あの日あの時 全国版』）

という報告例もある。

生涯34

哲人

哲人の称号 40代前半から

霊性意識に根ざした人物。東郷平八郎は「哲人」の称号を天風に贈った。

天風の言葉

自分を知るものは賢者である。しかし、真に自分を信じうるものは立派な哲人である。

『心に成功の炎を』

天風は、みずからを「哲人」と称した。では、哲人とは、どういう人物を言うのか。こう語っている。

「古来、俗に言う覚者《かくしゃ》とか哲人とかいうような者は、みんなこの霊性心意識のでた人のことを言うんだよ」(『成功の実現』)

哲人とは、霊性意識(思想07)に達した人であり、このレベルで生きている人物のことだ。そういう人物は自分を信じうる。天風がみずから「哲人」と称するようになった経緯《いきさつ》を紹介しよう。

元帥となった東郷平八郎(生涯07)が天風門下だということはよく知られて

いる。東郷は筆を揮《ふる》って、四十代前半の天風にこんな言葉を寄贈した。

神国哲人出扶桑霊界開（神国に哲人出《い》で、扶桑《ふそう》の霊界を開く）
英雄与児女都入法門来（英雄と児女と、都《すべ》て法門に入り来《きた》る）

神国日本に天風哲人が現れて、我が国の精神界（さらに言えば〝霊性の世界〟）を開いた。英雄も若者も女性も、誰もが天風哲人の教えの門に入り集うのである――と、大意はこのようであろう。この漢文のなかに、「哲人」という語が用いられた。哲人というあり方の重みを知っている天風は、

「私のごときものに、哲人などの語を用いられては、後年、元帥は人を見る目がなかったということになりましょう」

と、辞退した。東郷は天風より三十歳ほど年上である。しかし、東郷は、

「そのことならば、十分承知のうえです」と答えて、有無を言わさなかった。

東郷の思いは徹底していたそうだ。もし天風の書翰《しょかん》に「天風哲人」と自署されていなければ、東郷みずからが「哲人」と朱で書き添えて保管したという。

なお、この東郷の揮毫《きごう》は、天風の道場に掲げられた。掲げるとは、覚悟である。覚悟を決めたときに、天風哲人は誕生した。

生涯35

アメリカの飛行中尉を助ける

疎開先に不時着したB29。天風はアメリカ兵を人間扱いした。

米兵を助ける 69歳

天風の言葉

あくまでこの戦争に反対しなきゃいられない私の気分は、どんな場合であっても、この戦争に少しでも賛成するような言葉は吐けません。

『心に成功の炎を』

一九四一（昭和十六）年十二月の逸話である。天風会京都支部で講演し、そのあとで開かれた酒宴の帰りぎわであった。天風は玄関で靴を履きながら、「外国の標識をつけた飛行機が来ることになったね」と言った。周りの人は何のことか首を傾げたが、その翌朝、真珠湾攻撃のニュースが報じられた。天風の言葉を聞いていた人たちは、これを予知だと受けとめている。

天風は戦争には反対であった。あるとき、恩師・頭山満とともに、修猷館時代の後輩である広田弘毅《こうき》（国家の大事を相談する重臣会議メンバー）に、太平洋戦争についての憂いを伝えた。それだけではない。時の総理大臣・東条英機にも二度にわたって戦争終結を進言したが、東条は怒りを露わにするだけであった。「激昂すると、ブルブル震える男だね」と、天風は笑ったという。以上の逸話は、門人の橋田雅人《まさと》（歯科医）による（『哲人　あの日あの時　京都編』）。

一九四五（昭和二十）年、本郷にあった広大な屋敷が取り払われ、天風は疎開する。同年五月二十五日、三度目の東京大空襲の翌明け方、疎開先の茨城県の田んぼにB29が不時着した。発見した住民が、搭乗員の中尉を寄ってたかって袋叩きにし、荒縄で縛って交番所に引っ張ってきた。通りかかった天風は、「おまえたちの息子が敵地でアメリカ人に捕まり、同じ目に遭って危害を加えられたとする。後で聞いたら、おまえたちは嬉しいか」と問う。住民たちは黙ってしまった。憲兵隊に引き渡すとき、「武士道は敵を愛するところにある。（中略）本部からどんな命令がこようとも、おまえの手元にある間だけは不自由なく、お客様扱いにして、この人の一生のよい思い出をつくってやれ」（『心に成功の炎を』）と頼んだ。

戦後、そのアメリカ兵は命の恩人である天風を捜すためにやってきた。天風は、超国家的な視点から人と国を考えていたのだろう。

生涯36 『真人生の探究』発行 71歳

『真人生の探究』

心身統一法の全体像が分かる基本書。

天風の言葉

私の著した『真人生の探究』の一番先に、人間とは何、ということが書いてあるだろう。あれをもう一遍読んでごらん。体の弱い人や運命の悪い人は。

『力の結晶』

天風がみずから書いた、初めての著書である。一九四七（昭和二十二）年に刊行された。この本を皮切りに、翌年には『研心抄《けんしんしょう》』、翌々年に『錬身抄《れんしんしょう》』が出版され、主著三部作となっている。

その第一作である本書『真人生の探究』には、心身統一法が全般にわたって説かれている。この方法を知る基本書である。

第二代会長を務めた安武貞雄《やすたけさだお》（生涯44）は、「心身統一法については、既に天風先生の名著『真人生の探究』がある。ただこの書は、今から二十数年も前に書かれたものだけに、今の人には分かりにく

『眞人生の探究』初版

中村天風著『眞人生の探究』国民教育普及会、昭和22年5月15日発行。

目次は次の通り（初版は旧字）。

い表現もある」（『健康と幸福への道』）として、一九七二（昭和四十七）年に、『真人生の探究』の口語版とも言うべき、『健康と幸福への道』を出版した。口語版と表現したが、実際、『真人生の探究』は文語体で書かれていて読みづらい。解説書を援用しながら読むことで、心身統一法のあらましが把握できるだろう。（天風の著述書のなかで、代表作として一冊だけを挙げるとするなら、『真人生の探究』を挙げるのが妥当だろう。）

上の写真は初版の装丁であるが、なんとも瀟洒である。現在の流通本がこの装丁でないのが惜しまれる。

生涯37 『研心抄《けんしんしょう》』

心身統一法の精神面を丁寧に説いた本。

『研心抄』発行 72歳

天風の言葉

私の本（『研心抄』）の「自我本質の自覚」というところにも書いてある。読んでごらん。

『盛大な人生』

『研心抄』を一言で紹介すると、天風が創案した心身統一法を精神面から説いた本だ。本書を開くと、冒頭から「『我』とは何ぞや?」と読者に問いかけてくる。右の天風の言葉で、「読んでごらん」と言っているのは、我とは何かが知りたければ、この本を読んでごらん、という意味である。

全十章のうち、六章分に「跋《ばつ》」がついている（第三章、第八〜十章には跋がない）。ここでの跋とは、各章の内容を最後にまとめたもの。これらの跋文は、天風誦句として『真理行修誦句集』（生涯23）に再録された。各章と誦句の対応関係は、次の通り（以下、『研心抄』改訂版を用いる）。

『研心抄』初版

中村天風著『研心抄』国民教育普及会、昭和23年8月10日発行。

目次は次の通り（初版は旧字）。
第1章　自我本質の自覺
第2章　心に關する重要な理解と消息
第3章　意志と精神統一
第4章　認識力と其養成に就て
第5章　意識に對する哲學的の考へ方
など10章から成る。

第一章　自我本質の自覚――「自我本質の自覚」の誦句

第二章　心に関する重要な理解と消息――「心身の完成」の誦句

第四章　認識力とその養成について――「官能の啓発」の誦句

第五章　意識に対する哲学的の考え方――「心の開拓」の誦句

第六章　意識と心意――「霊性の発揮」の誦句

第七章　潜在意識応用の自己陶冶――「自己陶冶」の誦句

逆に見れば、この本は、『真理行修誦句集』の解説書でもある。誦句の理解を深めるという読み方ができるだろう。

生涯38

『錬身抄《れんしんしょう》』

心身統一法の肉体面と、持続的な健康法が分かる本。

『錬身抄』発行　73歳

天風の言葉

心を積極化する方法や、私の『真人生の探究』や『錬身抄』に書いてあるような事柄をやれば、それはもう力がぐんぐん増えていって、自分でも健康や運命に満足を感じる程度まではわけなくいきます。

『信念の奇跡』

『錬身抄』は、天風が創案した心身統一法の肉体面を説いた本。『研心抄』(生涯37)の姉妹本でもある。

この本には、どうすれば健康を持続できるかが説かれている。具体的には、呼吸法、食、睡眠など……。意外にも我々は肉体面について無頓着だ。この本で、肉体の扱い方を理解することができる。

改めて、主著三部作の関係を見ておくと、『真人生の探究』で説かれているのは、純正生活(思想72)である。純正生活とは、

『錬身抄』 初版

中村天風著『錬身抄』国民教育普及会、昭和24年10月15日発行。

目次は次の通り（初版は旧字）。

第1章　眞健康確立の可能性
第2章　眞健康と衣服との關係
第3章　眞健康と空氣
第4章　眞健康と食物に關する重要理解
第5章　健康と住居に關する理解
など11章から成る。

「心を心の道（法則）に従わせ、更に肉体を、肉体に備わる道（法則）に従わせて活きること」（『真人生の探究』、文中の（法則）は原本のまま）である。つまり、本然の生命にしたがった生き方をすること。

純正生活によって、生命力は旺盛になる（生存）。この旺盛になった生命力を効果的に活用すれば、うまい生き方ができる（生活）。「生存」と「生活」は、心身統一法の根本条件だ（思想02〜03）。『真人生の探究』では、純正生活法の総論が説かれた。これに対して、『研心抄』は精神の生活を説き、『錬身抄』は肉体の生活を説いている。

生涯39

講演録の刊行

天風の死後、続々と出版された講演録は、資料的価値が高い。

『心身統一哲醫學』発行 66歳

天風の言葉

私なんかね、四十三年、毎晩、毎晩、どこへ行っても同じことを言ってるんだぜ。もう今夜の話だって、京都でもってもう既に三十回ぐらいやってるわ。

『心を磨く』

天風の死後、二十年が経過したあたりから、講演録が次々と出版されるようになった。定評があった天風の講演を文字化した書籍は、ベストセラーとなった。

ただ、当然のことだが、講演録には天風の校訂が入っていない。講演には、その性格上、思い違いが含まれたり、事実が誇張されることがある。もし天風が存命であったら、講演録には校訂が加えられたであろう。

大別すると、天風の本は「著書」と「講演録」に分かれる。

◎著書――天風自身が執筆したもの。講演録と違って硬い内容である。『真人生

『影印版　心身統一哲醫學』

中村天風述、楠見守概記『影印版　心身統一哲醫學』本心庵、平成31年1月23日発行。

この本は、昭和17年12月8日に発行された『心身統一哲醫學』（私家版）の影印本である。

目次は次の通り。

第1章　心身統一の根本義
第2章　心身統一の根本義確立法
第3章　心身統一式生活法
第4章　特殊の秘法
第5章　（講義録）

の探究』など、主著三部作（生涯36〜38）などが該当する。

◎講演録——天風の死後に、講演を文字化したもの。誠実に文字起こししていて資料的価値が高い。が、天風の語りにあった誤りが残っているのが弱点。

次の二点は、異色の講演録である。

『運命を拓く』——録音された真理瞑想行（思想55）を文字起こしし、弟子が加筆した講演録。加筆した理由は、弟子たちの心のなかの「天風のイメージ」に近づけるためだが、大幅な加筆は珍しい。

『心身統一哲醫學』——戦前に出版された初の講演録。読みにくさがあるが、天風の壮年期の講演の内容が分かる。

生涯40

宮本武蔵に憧れる

天風が最も好きだった人物が、宮本武蔵。武蔵は書画にも秀でた。

天風の言葉

剣をとったら恐らく宮本武蔵と対抗しても負けないだけの自信はあるけれども、宮本武蔵は絵も描けば、字も書く。俺は書けない。（中略）でも剣をとったときだけは、だれにいわれなくても俺の方が勝つと思っていた。

『成功の実現』

天風が最も好んだ歴史上の人物は、江戸初期の剣豪・宮本武蔵（一五八四～一六四五）であろう。しかし、剣の腕前では武蔵に引けを取らない、と自負していた。では、天風の腕前はどれほどのものだったのか。

古い門人である中村至道《しどう》（生涯27）は、その著『哲人 中村天風』のなかで、次のように記している。

「哲人は武道の達人である。柔道、空手道、剣道、等々就中《なかんずく》随変流の抜刀術（俗にいう居合術）は蘊奥《うんのう》を極めた卓越した腕前で実に六歳の幼少より修練されたもので、従って、日本刀を持たせたならば、文字通り天下無双といってよい」

また、恩師の頭山満は、天風にこう語ったという。

「元亀《げんき》・天正時代に生まれてたら、刀一本で天下とれたろうに。こんな時代に生まれて、生まれる時を間違えてきやがった」（『盛大な人生』）

元亀・天正時代とは、戦国時代のこと。武術がものを言った時代だ。

天風は、幼少期から武道の修行に励んだ。ここに天性の才が加わって、自在に剣を操っている。修練会などでも、よく居合の演武をした。

「刀の柄《つか》をくるくると廻し、時には空中に刀を放り上げ、パッと手にすると瞬間に鞘に納められた」「寝転んで、伏せの状態から抜刀された」

などと、門人たちは伝えている。

ただ、天風は、書画に堪能だった武蔵を意識していたようだ（右の天風の言葉）。「四十歳ぐらいまでに私の書いた字なんていうのは、自分で読めないんだよ」（同書）というほどの悪筆だったらしい。これを弱点と感じていた。ところが四十歳ぐらいから後、天風は武蔵に匹敵するほどに上達した。「できる」と信じたことで、練習することなく書けるようになったという（生涯41）。

生涯41

天風の書画

書画の開眼　40歳頃

四十を境に〝できる〟と信念した結果、書けるようになった。

天風の言葉

ありがたいかな、信念の実態というものを摑んでからは、今日《こんにち》あなた方がご覧になるような絵も字も書くようになっちゃったの。

『信念の奇跡』

今も天風の書画を求める人は多い。天風は、次のように回想している。

「絵なんてのはぜんぜん画《か》けやしないんだよ。いつも笑い話をするけど、私は絵っていうのは、だんごっきり画けない。丸を三つ画いて、棒をひっぱって。よくよく妙な人間だと自分で思ったよ」（『盛大な人生』）

ところが、ヨーガの里での修行の後、書けるようになった。それは、〝書ける〟という信念を持ったからだという。「信念ができると、べつに習いも何にもしないで、人のできることなら自分にも当然できる」（同書）と語っている。

蒔絵の大家で人間国宝として知られる松田権六《ごんろく》（一八九六～一九八六）は、

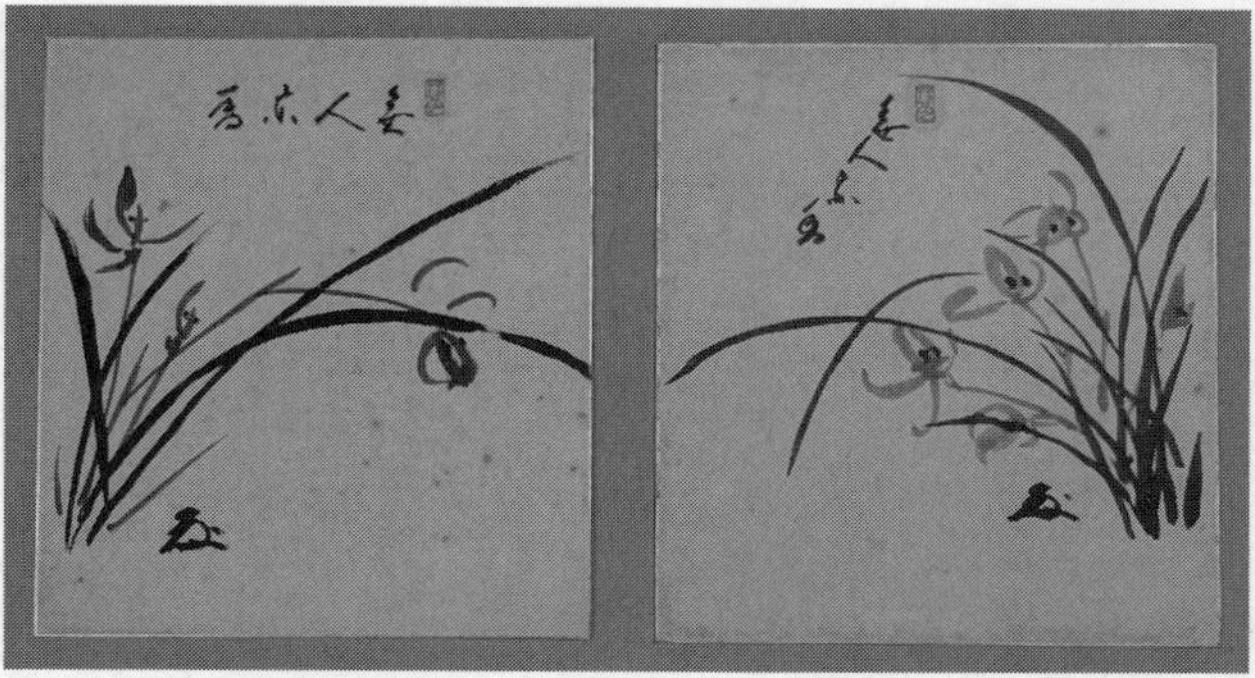

天風の色紙（筆者蔵）。蘭の絵に、「無人亦香（人無きも亦た香れり）」の一句が添えられている。意味は、「人がいなくても蘭の花は気高く香っている。我々も蘭の花のように、世間に知られずとも気高く生きよう」ということ。

天風が揮毫《きごう》した円の形（円相）を見て、

「禅宗の坊さんの円相を一通り見ておりますが、天風先生の円相は、禅宗の坊さんとはやはり違います。きれいな円で、筆にかえりがありません。クンバハカ（思想41）で円を書くからはじめてできるのです。やはり修行の賜でしょう」

という意味のことを語り、天風の円相に魅せられて入門した。

天風の書画はバランスがみごとである。まるで白紙のうえに浮かび上がってきた字形や図形のうえをさらりと筆でなぞっているようだ。

生涯42

天風の身体的特徴

常人とは違った容貌、均整のとれた体形が際立っていた。

天風の言葉

今でも五尺四寸かありませんから、その時分にはもっと細《こま》かかったんだが、(中略)頭山先生がいつでも人に紹介するときに、「こんやつぁ、それはなりは細《こま》かばってんが、しいだま(肝っ玉、度胸)は電信柱のごと太かやつたい」と。

『心を磨く』

天風は右の言葉のなかで、身長を「五尺四寸」と語っている。五尺四寸というと、一六三〜四センチメートルほどだ。もう少し高いと記録している人もいる。たとえば今津三郎は、「身長一六八センチ　体重六七キロ　血圧一二〇－六〇　血液型A型」(『哲人　中村天風先生抄』)と、内科医としての所見(一九五九年八月八日の所見)を残している。

天風の容貌は、柳川藩立花家に特徴的なものだ。その均整のとれた体形は常人とはかなり違っていた。夏期修練会の集合写真を見ると、周りの人々から著しく際立っている。筆者は若いころ、神戸の天風会員の集まりで、天風の人となりをよく聞かされたものだ。たとえば、神戸・元町の商店街を歩くのが好きだったという。紳士用のハットをかぶり、羽《は》織袴《おりはかま》で歩くので、歌舞伎役者のようだった。しかも堂々と真ん中を歩くので、道行く人がふり返ったらしい。

天風の右手中指は曲がらなかった。第二次辛亥革命の中国で、突如襲ってきた刺客の刃物を奪い取ったことがある。そのとき、中指の先が切断され、接ぎあわせるために銀の針金が入っているためだ。マイクや剣を握ったときに、中指だけがピンと伸びた姿になる。この姿がかっこよく見えたという話をよく聞いた。

眼と歯は悪かった。下顎には、若いころから歯がなかった。これは軍事探偵時代に鉄橋爆破を敢行したとき、その爆風で下顎の歯が駄目になったからだ。

あるとき、歯科医院で上顎の歯を抜くのに、天風は「局部麻酔の注射はいらない」と言った。そのため、若い歯科医は真っ青になって、抜歯できなかった。しかたなく天風は自宅に帰り、三味線の糸で歯をくくりつけて医院に戻った。そして、もう一方の糸の端を診察室のドアの引手に結んだ。「君、歯を抜くのは、こうするんだよ」と首を引くと、そのはずみで歯が抜けたという逸話が残っている。

生涯43

帰霊《きれい》

享年92

天風は気力を保ったまま、九十二歳で帰霊した。

天風の言葉

あなた方が考える「死」なんてものは、肉体が現象界から姿を消すだけのことじゃないか。死なるものを超越するところに、久遠の生命があるんだ。

『信念の奇跡』

天風は、生まれることを〝分派〟と呼び、死ぬことを〝還元〟と呼んだ。では、人はどこから分派し、どこへと還元していくのだろうか。

人の生命は〝一滴の水〟のようなものだ――と天風は考えた。これに対して、本源の大生命は永遠なる〝大海〟である。この大海から、一滴の水として個々の人間が誕生（分派）し、寿命が尽きれば大海へと還元していく。この大海を「宇宙霊」（思想04）という。寿命が尽きると、静かに宇宙霊へと帰っていくのだ。このことを〝帰霊〟と呼ぶ（〝分派〟〝還元〟は宇宙霊から見た用語）。天風が帰霊したのは、一九六八（昭和四十三）年十二月一日である。

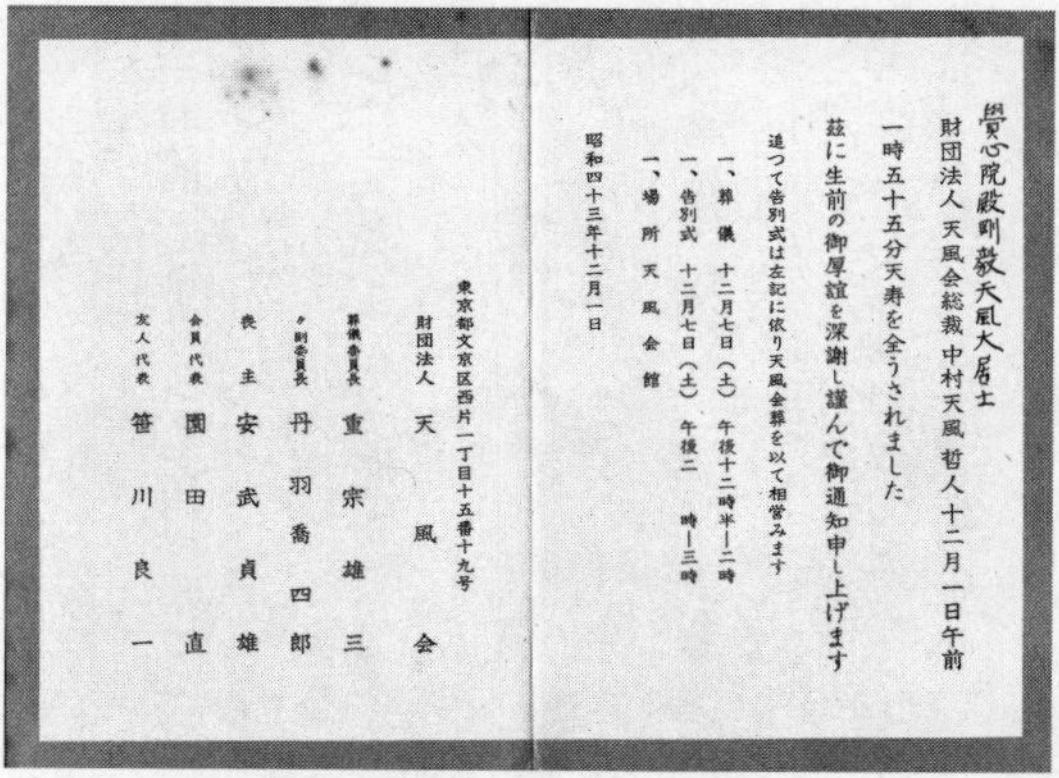

覺心院殿剛毅天風大居士
財団法人 天風会総裁 中村天風 哲人十二月一日午前
一時五十五分天寿を全うされました
茲に生前の御厚誼を深謝し謹んで御通知申し上げます

追つて告別式は左記に依り天風会葬を以て相営みます

一、葬儀　十二月七日（土）　午後十二時半―二時
一、告別式　十二月七日（土）　午後二時―三時
一、場所　天風会館

昭和四十三年十二月一日

東京都文京区西片一丁目十五番十九号
財団法人　天風会
葬儀委員長　重宗雄三
〃副委員長　丹羽喬四郎
喪主　安武貞雄
会員代表　園田直
友人代表　笹川良一

中村天風告別式の案内状
文面には、「財団法人天風会総裁 中村天風哲人十二月一日午前一時五十五分天寿を全うされました」とある。

晩年の病歴をたどると、天風が胆石症に罹患したのは、八十代半ばのことだ。このときは一カ月余りで全快するが、一九六七（昭和四十二）年の秋に胆石症が再発。翌年九月中旬に胆嚢炎《たんのうえん》となった。死の三日前に肺炎の症状が現れる。前日の十一月三十日には、長女・鶴子と結婚した安武貞雄（生涯44）を見かけると、天風はprobablyとperhapsのニュアンスの違いを尋ねている。天風が帰霊したのは、その十四、五時間後のことだ。享年九十二。学ぶ姿勢は、死の直前まで衰えていない。生き切ったのである。

生涯44

安武貞雄《やすたけさだお》と杉山彦一《すぎやまひこいち》

優秀な門人のなかで、天風は後継者の二人を厳しく指導した。

天風の言葉

「お前、もう少し馬鹿になれ！　すべて忘れてしまえ！」と。それで彼（安武貞雄）は、馬鹿になって忘れたから、立派に大学を出てこの年まで、元気で活きていて、そして副会長をやっているじゃありませんか。

『運命を拓く』

天風が後継者として期待したのは、次の二人だろう。一人は、安武貞雄（天風会第二代会長）。もう一人は、杉山彦一（天風会第四代会長）である。

一九四八（昭和二十三）年に、天風会設立三十周年が開催された。司会を務めたのが、詰め襟の学生服を着た杉山彦一であった。二十代後半である。ある人が、「あの学生は誰ですか」と尋ねた。すると天風は、「あの者は私の後を継ぐものです」（『哲人　あの日あの時　全国版』）と答えたという。すでにその行く末を見抜いていたのであろう。さらに、

「天風先生は二代目会長の安武先生と杉山先生にはもっとも厳しくされていました。（中略）でも今思えば、愛の鞭《むち》だったのでしょう。その反面とても可愛がってもおられました」（同書）と証言している。

◎安武貞雄（一九〇二～一九七九）――父の勤務地であった長崎県で生まれた。旧制五高のときに腎臓結核を発症し、右側の腎臓を摘出。その後、東大英文科に入学するが、まもなく再発し、休学。故郷（熊本）で療養していたときに天風を知り、教えを受けようと上京する。天風から、「馬鹿になれ」とたしなめられた（右の天風の言葉を参照）。馬鹿になって天風の教えに邁進《まいしん》し、健康を得る。大学を卒業すると、天風の娘・鶴子《つるこ》と結婚した。積極を、相対積極と絶対積極に区別するなど、天風哲学を分かりやすく解説した。

◎杉山彦一（一九二〇～二〇〇二）――國學院大学時代に、経済学の教授であった中村至道《しどう》から天風を紹介される。兵役後、天風に背中を押されて、医学の道に進んだ。医学博士となり、「生命」の観点から天風哲学を深めた。

なお、安武貞雄と杉山彦一の生涯と思想については、拙著『中村天風「自力」で運命を動かせ』（第二章～第三章）に詳しい。

生涯45

後世への影響

大正時代の昔から現在に至るまで、各界の人物たちの精神的支柱となる。

天風の言葉

実業界に成功した一人に、松下幸之助氏がおります。この人が私の話をはじめて聴いたのは、とおい昔の四十八年前のことです。（中略）そのとき世界的に有名な電機王になるなんてことは、私はもちろん、本人も思っていなかったでしょう。

『君に成功を贈る』

天風は検事長を務めた向井巌《いわお》に見出され、その教えは、有力者たちの間に広がっていった（生涯32）。元帥の東郷平八郎（生涯34）をはじめ、大正時代の昔から各界の人物たちを魅了し、現在につながっている。

たとえば多くの経営者が、直接、間接に天風の影響を受けた。京セラ創業者の稲盛和夫は、その影響を公言している。また、右の言葉で天風は、〝経営の神様〟と呼ばれた松下幸之助の逸話を語る。「中略」には、次の一文が入る。

「当時彼は、長屋を三軒ぶち抜いたところで、十人ばかりの徒弟工を使って電灯の線をむすびつける仕事をしていたころです」(『君に成功を贈る』)

幸之助も天風も、それぞれの天命にしたがって事業を始めたころであろう。若い幸之助の熱意は、天風の記憶に残るほどであった。「聴き方が一生懸命であっただけに、受けとり方も他人よりはるかに内容量が大きかったのに違いない」(同書)と幸之助を評し、こう語っている。

「松下幸之助※さんさえ、必ず私に相談するんだ。もう事業界においたら、あの人にものを聞きに行くくらいに重要な存在でいる人が、仕事をするとき必ず私のところに聞きに来る」(『盛大な人生』)

現在では、天風の著書だけでなく、講演録やCD、関連書が刊行され、精神的支柱にしている人は数知れない。その影響は各界に広がる。二〇二三年、WBC(ワールド・ベースボール・クラシック)に投打の二刀流で臨み、MVPに輝いた大谷翔平。彼も天風の著作に刺激を受けた一人だ。また、NHK大河ドラマ「おんな城主 直虎」で主役を務めた柴咲コウ。彼女は、「〝調和〟なきところに〝美〟はない」(『運命を拓く』)という言葉に共鳴し、彼女が代表を務める「レトロワグラース」のビジョンを支える言葉にしている。

※PHP研究所所蔵の資料では、中村天風と松下幸之助の交流の記録は確認できない。

思想編

思想01

天風哲学

軍事探偵の体験と、ヨーガの体験が合わさって生まれた人生哲学。

天風の言葉

病や苦難から逃げたり、避けたりせず、「矢でも鉄砲でも持ってこい」と、苦しみ、悲しみに挑戦し乗り越えていき、自分の力でこれを打ち砕いていく気持ちになれ、というのが、天風哲学の真髄である。

『運命を拓く』

天風哲学とは何か。端的に言えば、中村天風という人格が、特別な体験のなかでつくり上げた人生哲学である。天風は、次のように哲学を定義する。

「哲学は、我々が今見るところのもの、すなわち、現象を遡《さかのぼ》りその原因を探究する学問である」(『運命を拓く』)

見えている現象にとらわれるのではなく、その現象を成り立たせている原因に目を向け、これを探究するのが哲学だ、ということだ。

この世の現象を成り立たせているものは「生命の法則」であり、この法則をつかさどっている「宇宙霊」こそ、究極の原因である。このことを天風はヨーガの里で悟った。とすると、天風哲学の起源は、ヨーガの修行体験にあるのだろうか。いや、それ以上の体験がある、と天風は言う。

「せんじ詰めれば、その大根《おおね》大本《おおもと》はヨガ（ヨーガ）の哲学にあるんじゃなくして、私の人生経験、詳しく言えば、普通の人の味わえない、死線の上で何年かのあいだ生きていたという、あの特別の境涯で私が体験したいろいろの出来事のなかから天風哲学は生まれでた」（『盛大な人生』）

と語っている。〝あの特別の境涯〟とは、軍事探偵の境涯にほかならない。

「長い長いあいだ戦いぬいて、そしてもう命がない、死ぬであろうと思える場合にもいささかもへこたれないで、それを平然と乗り越えてくれた私の心が、私のためにつくってくれた人生の考え方」（同書）が、天風哲学である。

ここで語られているのは、どこかの本や、誰かの学説で、天風哲学ができたのではないということ。〝あの特別の境涯〟という実体験から生まれた哲学であり、切れば血が飛び出すような生きた哲学なのだ。そんな人生体験に、ヨーガの里での修行が体系を与え、天風哲学が誕生したのであろう。

思想02

生存と生活

生存とは、生命力を確保すること。生活とは、生命力を活用すること。

天風の言葉

生きているという現実の中に、「生存」と「生活」の二つの部面があることに気がついてますか。

『成功の実現』

ただ生きている、というだけでなく、この人生をよりよく生きるには、右の天風の言葉にある「生存」と「生活」に気づき、その質を高めることだ。

◎生存とは何か――杉山彦一（生涯44）は、「生命存在を、生存という」（『中村天風「心身統一法」解説 いのちを活きる』）と説明している。本書では、生存とは生命力を確保すること（存すること）、と定義する。生命体が、生命エネルギーを高める技術によって自己の生命を持続させる、ということが生存であろう。

◎生活とは何か――「生命活用を、生活という」（同書）と杉山は説明するが、

		心身統一法の根本条件	
		生存	生活
生命	心	積極的把持	精神統一
	体	自然法則順従	訓練的積極化

●積極的把持——心の力を高め、その勢いを保つ。
●精神統一——高めた心の力を効果的に使う（集中。思想13）。
●自然法則順従——自然法則に順応して、肉体の力を高める。
●訓練的積極化——高めた肉体の力を効果的に使う。

本書でもこの説明を踏襲する。つまり、生活とは確保した生命力を活用する（効果的、かつ効率的に使う）こと、と定義する。

これら二つを、天風は心身統一法の根本条件だとした（思想03）。

ここで生命そのものに目を転じると、生命には二つの側面がある。一つは心（精神生命）であり、もう一つは体（肉体生命）である。以上のことから、図の四つ——積極的把持、精神統一、自然法則順従、訓練的積極化が導き出される。これら四つを高めることが、この人生をよりよく生きることにほかならない。そして、その方法を心身統一法と呼ぶ。

思想03

心身統一法

心と体を統一させる実践法。天風の悟りを追体験するシステム。

天風の言葉

心身統一法の根本条件を実行すると、心と体が期せずして結合統一され、その結果「生命要素」がぐんぐん増大して、健康はもちろん、運命の方面までも極めて良好に向上する。

『成功の実現』

右の天風の言葉にある「心身統一法の根本条件」とは、生存と生活という二つの条件のことであった（思想02）。くり返すが、定義は次の通り。

◎生存——生命力を確保すること。

◎生活——確保した生命力を活用する（効果的、かつ効率的に使う）こと。

ともすれば、あわただしい日常生活のなかでバラバラになりがちな心と体。天風は、心身統一法の根本条件を満たせば、心と体が統一していくと考えた。

天風の目覚めた精神は、つねに「一《いち》」を目指していく。一とは、心身統一の「一」であり、個としての人間を統合する「一」である。一とは生命である。

一によって、心だ、体だ、といった部分に偏重することなく、人は生命として全体となる。さらには個を超えて、宇宙霊（思想04）という大いなる生命とのつながりを強固にする。宇宙霊こそが、根源の「一」である。人は積極的に生きるとき、宇宙霊とつながる生き方を「積極」（思想17）という。人は積極的に生きると、宇宙エネルギー（思想10）がどんどん注入され、生命エネルギー（生命力）が高まっていく（生存）。そして、この力を活用して健康を増進し、運命を好転させ、幸福な人生を送ることができる（生活）。

また、心身統一法とは、天風の悟りを追体験する実践的な行修法であり、これを体系化したものだ。惜しげもなく天風はこの方法を公開した。

では、心身統一法を実践すれば、どうなるのか。誰であっても、天風の悟りを追体験することができる。追体験のルートは、二つある。一つは「行入《ぎょうにゅう》」（思想67）である。行入とは、実践することで悟りに至る方法だ。心にまとわりつく消極的な埃《ほこり》や汚れを払拭し続けるという実践をおこない、霊性心（本心）を追い求めるのだ。具体的な方法として、次の四つがある。

◎観念要素の更改法（思想26）――潜在意識を積極的にする。

◎積極精神養成法（思想34）――実在意識を積極的にする。
◎クンバハカ法（思想41）――マイナスの刺激にビクともしない体勢をつくる。
◎安定打坐法《あんじょうだざほう》（思想46）――雑念や妄念を払い、霊性意識に達する。

心を鏡にたとえると、これら四つの方法によって、心の鏡に付着した消極的な埃や汚れを払い除けることができる。このことを「心鏡払拭《しんきょうふっしょく》」（思想54）と呼ぶ。まとめると、行入とは、心鏡払拭を実践することで少しずつ悟っていく（これを漸悟《ぜんご》という）、というやり方である。

もう一つの方法は、「理入《りにゅう》」（思想66）である。行入によって、消極的な埃や汚れを払い、きれいになった心で、天風の悟りの言葉を聞いてパッと悟る（これを頓悟《とんご》という）、というやり方である。この方法を用いると、理性が邪魔することなく、スッと天風の悟りを受け取ることができる。実際、天風はみずから悟った真理を語るにあたって、事前に安定打坐法（思想46）をおこない、霊性意識（思想07）で聞くことを求めた。これを真理瞑想行（思想55）という。

心身統一法とは、何か。理入と行入という二つのルートを組み合わせて天風の悟りを追体験する行修の体系にほかならない。

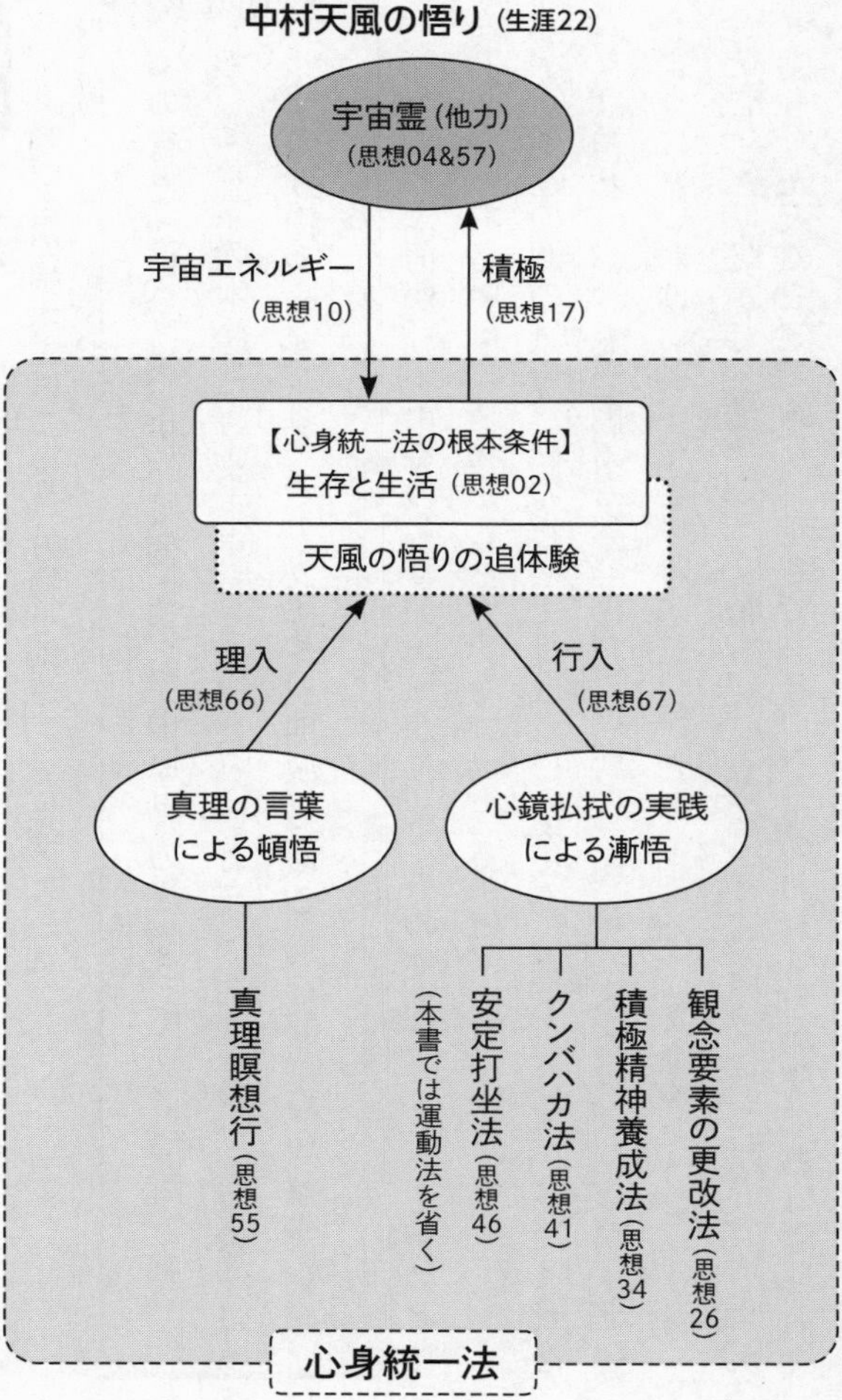
中村天風の悟り（生涯22）
宇宙霊（他力）
（思想04&57）
宇宙エネルギー
（思想10）
積極
（思想17）
【心身統一法の根本条件】
生存と生活（思想02）
天風の悟りの追体験
理入
（思想66）
行入
（思想67）
真理の言葉
による頓悟
心鏡払拭の実践
による漸悟
真理瞑想行（思想55）
（本書では運動法を省く）
安定打坐法（思想46）
クンバハカ法（思想41）
積極精神養成法（思想34）
観念要素の更改法（思想26）
心身統一法

思想04

宇宙霊

宇宙の根本主体であり、万物を創造する〝先天の一気〟。

天風の言葉

心の行なう思考は、すべて個人の命の原動力となっている霊魂を通じて、その霊の本源たる〝宇宙霊〟に通じている。しかもこの〝宇宙霊〟は一切の万物を創造するエネルギーの本源である。

『運命を拓く』

宇宙霊とは何か。宇宙霊の名は、天風が与えたものである。これを神仏と呼んでいい。あるいは、造物主と呼んでもいい。天風は、

「宇宙創造の源の気を、私の哲学では仮に〝宇宙霊〟と名付けている。これを人々は神といい、天之御中主神《あめのみなかぬしのかみ》と名付け、あるいは如来《にょらい》と呼び、アラーというように、いわゆる神・仏という名を付けたのである」(『運命を拓く』)

と語っている。宇宙霊とは、万物創造の働きをおこなう〝気《き》〟である。気は気でも、先天の一気であり、元霊であり、宇宙のおおもとの気である。

この気を、天風は〝実在〟と呼んだ。実在とは永遠なるエネルギーである。

実在は宇宙霊だけであり、だから根本主体なのだ、と天風は考えた。

宇宙霊から万物が生じた。生じたものは〝存在〟であり、存在は〝実在〟とは違っていつか消えてなくなるものだ。人間も宇宙霊から分派し、やがて還元していく存在にほかならない。生滅をくり返すのである。

このように、宇宙霊とは、万物を創ろうとする無限の力である。この力を利用して、人が理想を描くと、宇宙霊はこの理想を現実化させようとする。宇宙霊の創造作用と、人間の思考作用とは本質的に一つのものだからだ。

また、宇宙霊と人間とはつながっている。このつながりを、人間の側から「不孤《こならず》」（思想08）と呼んでいる。つながりが強固になればなるほど、宇宙霊からエネルギーが注がれる。つながりを強固にするには、積極（思想17）でなければならない。

宇宙霊の心意は積極的であり、真・善・美である。人間の心の持ち方が積極の方向にあり、霊性意識（思想07）に根ざすことで、つながりはより強固なものとなり、宇宙エネルギーがどんどん注がれる。逆に、消極的になったり、心に偽・悪・醜を抱いたりすると、宇宙霊から遠ざかっていく。

思想05

我《われ》とは何か

我とは、生命の本源的中枢をなす「霊魂」のこと。

天風の言葉

「我とは何ぞや」という事が、正しく理解された時、初めてその正しい理解が、確固不抜の人生観を確立し、その確立された人生観が、一切の内的誘導力となって、自己を完全に統御し得る。

『研心抄』

我とは何かを問うことは、真我（本当の自己）を問うことだ。では、真我とは何か。心や体ではない。これらを超越したもの。つまり、「全生命の本源的中枢をなすところの霊魂である」（『研心抄』）と、天風は喝破《かっぱ》した。

霊魂は、理性では把握できない。天風が「我とは霊魂だ」と悟ったのは、ヨーガの里で達した霊性意識によってである。霊性意識に目覚めた人でなければ、霊魂をつかむことはできない（霊性意識に達した人を〝哲人〟という。生涯34）。

思想06

霊魂

心や体を超越した気体で、自己の生命の主宰者。

天風の言葉

心も体も生きるための道具。いちばん尊いのは霊魂というひとつの気体。これがあなた方の正体なの。

『成功の実現』

心や体を超越したものが霊魂で、これこそが真我である（思想05）。つまり、本当の自己であり、我が生命の主宰権を持っている。

では、肉体を見るように、霊魂は見えるのかというと、純粋な気なので霊魂は見えない（肉体は粗い気なので見える）。

霊魂には、霊性意識（思想07）が備わっている。この意識から霊感や霊能や意志（思想45）が発する。また、本心や良心というのも、霊魂という気の現象である（気の働きを心と呼ぶ）。霊魂は宇宙霊から分派した最も清いもので、肉体から霊魂が離れると人は死ぬ。死ぬと、霊魂は宇宙霊へと還元していく。

思想07 霊性意識

雑念や妄念を取り除くと発現する、最高位の意識。

天風の言葉

雑念、妄念のでてないときには、「霊性意識」が発現する。（中略）霊性意識とは、やさしい言葉でいうと、「本心、良心」のことだ。

『盛大な人生』

霊性意識とは、霊性心から発生した意識のこと。霊性心意識ともいう。意識とは何かというと、心の働きである。天風は、心や意識を左図のようにとらえた。心は、肉性心と、心性心の二つに分かれる。後者の心性心は、理性心と霊性心から成り、理性心から発生するのが心性意識、霊性心から発生するのが霊性意識である。ここで押さえておくべき点は、次の通り。

◎雑念や妄念は、理性心や本能心といった下位の心から発生してくる（思想47）。湧き上がる雑念や妄念を取り除くと、霊性意識が発現する。

◎霊性意識こそが、最高の意識である。この意識は、本心・良心といった意識

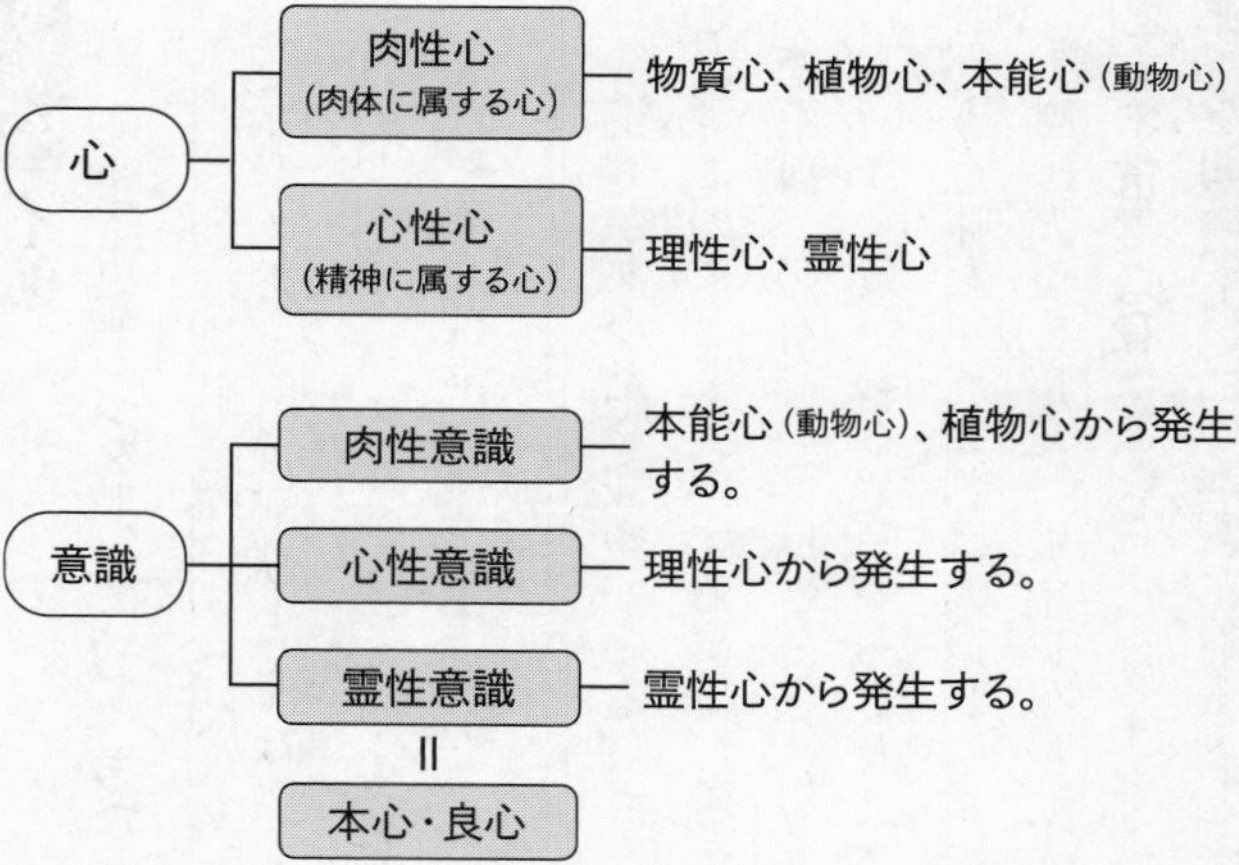
心
肉性心
（肉体に属する心）
物質心、植物心、本能心（動物心）
心性心
（精神に属する心）
理性心、霊性心
意識
肉性意識
本能心（動物心）、植物心から発生する。
心性意識
理性心から発生する。
霊性意識
霊性心から発生する。
＝
本心・良心

状態にほかならない。

人は、霊性意識を通して、宇宙霊とつながることができる。逆に言えば、霊性意識に至らないと、宇宙霊という他力を実感することができない。

現代は、理性（心性意識）を最高位の能力と位置づけ、科学的精神として重んじている。しかし、いくら理性で考えても、理性では「宇宙霊」を知ることができず、「宇宙霊」を実感することは不可能だ。そうではなく、理《り》入《にゅう》と行入《ぎょうにゅう》によって天風の悟りを追体験していくことだ。このことを通してのみ、理性の壁を突破することができる。

思想08

不孤《こならず》

宇宙霊とつながっていて、あなたは〝ひとりぼっちではない〟ということ。

天風の言葉

「不孤」というのは、ひとりぼっちじゃないよという意味なんだ。ひとりぼっちじゃないよという意味は、おまえには宇宙霊がついているよ、おまえは宇宙霊の中にいるんだよと。

『力の結晶』

宇宙霊があなたを守っている。あなたは〝ひとりぼっちではない〟ということだ。このことを実感するには、霊性意識に根ざさねばならない。『論語』に、「徳不孤、必有鄰（徳は孤ならず、必ず隣あり）」（『論語』里仁《りじん》篇）という言葉がある。徳がある人はひとりぼっちではない、必ず支持者がいるという意味だが、これは人道レベルである。

天風は人道を超え、生命レベルで人は孤立していないと断言した。「我不孤、必有宇宙霊（我は孤ならず、必ず宇宙霊あり）」を悟るには、我とは何か（思想05）を問い、自己の本質に迫ることが必要だ。

思想09

潜勢力《せんせいりょく》

生命の奥深くに実在する力。この力を顕在化させる鍵は「積極」。

天風の言葉

人の生命の内奥深くに、潜勢力(Reserved Power)という微妙にして優秀な特殊な力が何人にも実在している。

『真人生の探究』

生命の奥深くに蓄えられた力のこと。この力を発揮させると、健康で幸せな人生を歩むことができる。天風は、ときに「潜在勢力」と呼んだり、「潜在力」と表現することがあるが、ともにReserved Powerのこと。

潜勢力を顕在化させる生き方が「積極」である。そして、この生き方を体系化したものが、心身統一法(思想03)にほかならない。

心身統一法を実践していくことによって、人はみずからを救うことができる。ただし、この方法を知らないうちは、神仏(他力)に頼ることを天風は認めている。

思想10

宇宙エネルギー

宇宙霊から発する力。これを受け入れて生きる力となる。

天風の言葉

宇宙エネルギーは、まず、心の働く場である脳髄《のうずい》で受け入れられ、それが神経系統に送られ、命を活かす力となる。

『運命を拓く』

宇宙エネルギーとは何か。宇宙創造の源である宇宙霊（思想04）から発するエネルギーである。同義語として、「気」「ブリル」「活力（生命活力、プラナ）」「造物主の無限の力」などがある。

人は、宇宙エネルギーを受容することで、生きる力が膨らむ。では、この力はどこから人間に入ってくるのか。右の天風の言葉では、脳髄から入る、と教えている。ほかにも次のように語っている。

◎間脳《かんのう》から入る――「間脳から心を通じて肉体へ宇宙エネルギーというものが入る」（『心に成功の炎を』）

◎眉間《みけん》から入る──「造物主の無限の力というものが、よろしいか、科学的に言うと眉間から入ってくるんですよ」（『成功の実現』）
まとめると、眉間や、その奥にある脳から、宇宙エネルギーは受容されるようだ。しかし、受容量は一定ではない。心の持ち方が、積極的か、消極的かによって、受容量は異なるからだ。

消極的なとき──消極的とは、怒り、恐れ、悲しみといった感情が行き過ぎること。すると、宇宙エネルギーの受け入れ口が塞がり、受容量が減る。このことによるデメリットは、生命力が萎縮することである。

積極的なとき──生命は進化し向上し続けている。積極的とは、この方向に同調すること。同調したとき、宇宙エネルギーの受容量は増大する。たとえば、笑うこと。笑い（思想71）は積極だ。嘘でも、笑ってみる。それだけで生命力は旺盛になる。

生命力が高まるのは、宇宙エネルギーが注がれるからだけではない。人間には、生命の奥に蓄えられた「潜勢力」（思想09）がある。宇宙エネルギーと併せて、潜勢力が生命を生かす力となる。

思想11

六つの力

理想の人生を築く力。体力、胆力、判断力、断行力、精力、能力のこと。

天風の言葉

心身統一法という教義のねらいは、万物の霊長としての本当に尊い生命を生かすのに必要な資格条件たる体力、胆力、判断力、断行力、精力、能力という六つの力を現実につくり上げることだ。

『幸福なる人生』

よりよく生きるには、力が必要である。考える力、聞く力、話す力、対人関係をつくる力、笑う力、我慢する力、歩く力……など。しかし、思いつくまま列挙したのでは、とりとめがない。天風は六つの力に集約した。

①体力――運動の能力であり、また、疾病しないための抵抗力。

②胆力――ものごとに動じない力。

③判断力――考えをまとめて、正しい結論へと定めていく力。

④断行力――判断を下した後で、断固として実行していく力。

⑤精力――物事を最後までやり遂げる、精神面や肉体面での力。

6つの力を充実させて「理想の人生」を築く

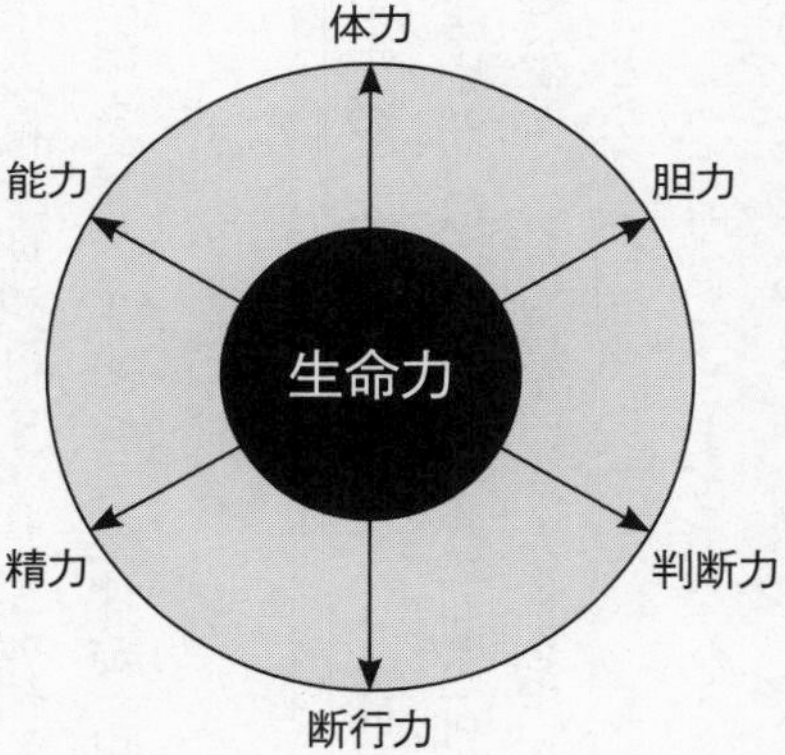

⑥能力——物事を成し遂げるのに必要とされる力。

これら六つの力を質量ともに充実させることで、人は、理想の人生（人生の根本理想、思想12）を築くことができる。では、六つの力のすべてを高めることが必要なのか。答えは、イエスだ。天風は、

「六つの力の一つでも欠乏し、または不完全であると、人生の根本理想は根底から覆えされることになる」（『真人生の探究』）

と教える。どれかが欠けると、理想の人生は築けない。

思想12

理想の人生（人生の根本理想）

人生の根本理想は、長い、強い、広い、深い、の四つが揃うこと。

天風の言葉

人生の根本理想は、これを帰納的にいえば「長さ」と「強さ」と「広さ」と「深さ」という四つの条件が、現実に充たされている姿である。

『真人生の探究』

大宇宙の生命から分派して、人間はこの世（現象界）に誕生した。やがてそのときがやってくれば、この世と別れて還元するのが定めである（生涯43）。同じ一生なら、納得がいく人生を生きたいものだ。では、納得がいくとはどういうことか。

人によって理想はさまざまだろう。しかし、万人に共通する人生の根本理想（理想の人生）がある。納得がいく人生とは、次の四条件を満たすことだ。

①長い――与えられた天寿を全うして、できるだけ長生きすること。

②強い――生命力を高め、逆境を撥《は》ね飛ばして強く生きること。

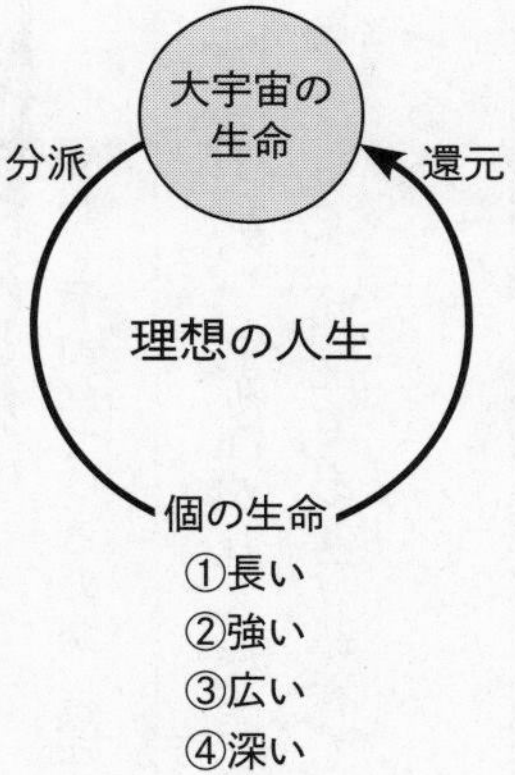
大宇宙の生命
分派
還元
理想の人生
個の生命
①長い
②強い
③広い
④深い

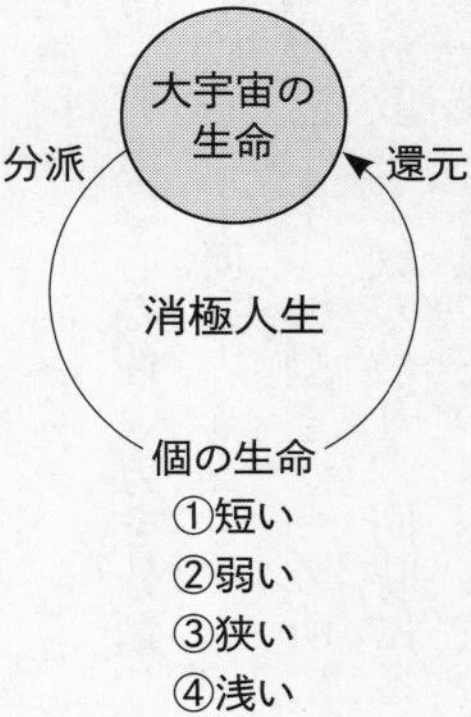
大宇宙の生命
分派
還元
消極人生
個の生命
①短い
②弱い
③狭い
④浅い

③広い――清濁併《せいだくあわ》せ呑《の》むほどの幅をもって、人生を広く生きること。

④深い――何事でも深層まで達して、味わい深く生きること。

以上の四条件を満たすには、旺盛な生命力が必要だ。正反対なのが、生命力が萎縮した消極人生である。

①短い――短慮などでみずからの命を短くし、天寿を全うしないこと。

②弱い――消極的な観念が強くなり、感情にふり回されること。

③狭い――たとえば正義感が強過ぎるなど、人生を狭くしてしまうこと。

④浅い――表層に流されて、人生の深さや妙味を味わえないこと。

思想13 傾注《けいちゅう》と集中

心を奪われているのが〝傾注〟。統一された精神状態が〝集中〟。

天風の言葉

一心不乱に心が注がれる状態（中略）は精神統一の枢要条件である集中ではなく、傾注であり、執着であり、極言すれば凝滞《ぎょうたい》であり、放心なのである。

『真人生の探究』

心の働かせ方を間違えると、生命エネルギーをムダ遣いすることになりかねない。しなくてもいい苦労を背負ってしまったり、コントロールできなくなった感情にふり回されて、取り返しがつかない事件や事故を起こすことすらある。天風は心の使い方を分類して、次の六つにまとめた。

①放心——何を思うともなく、ボーッとしている状態。
②凝滞——心の働きが一カ所に釘づけになり、止まって動かない状態。
③分散——気が散り、同時に多くの事柄に心が惹かれている状態。
④分裂——二、三の事柄に気が惹かれている状態。

「傾注」と「集中」の違い

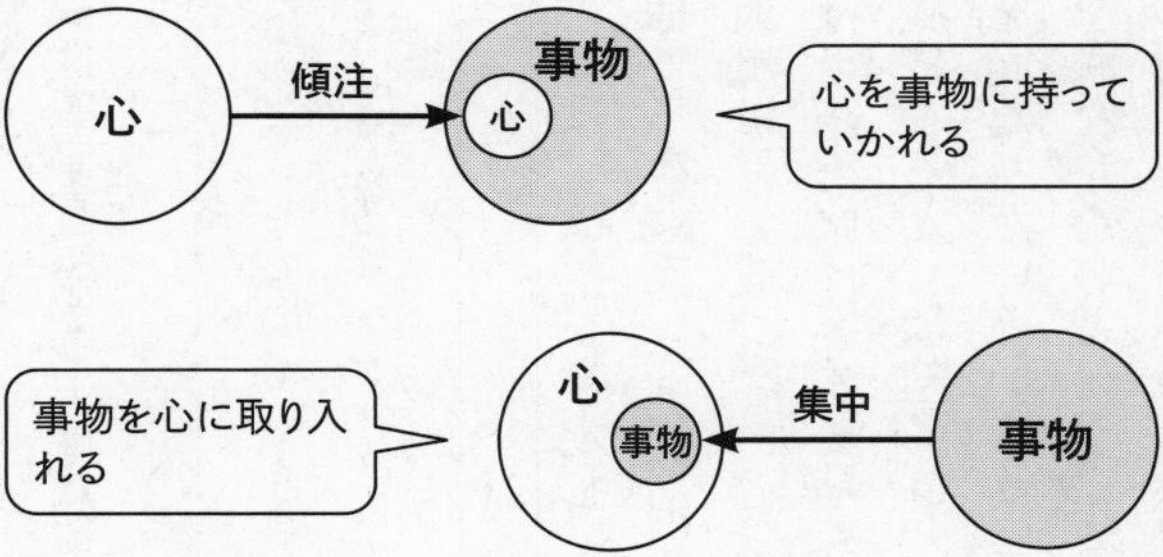

⑤傾注——何か一つのことに心を奪われている状態。

⑥集中——心を散らすことなく、物事にとらわれることなく、心の主体性を確保し、統一して使う状態（いわゆる「精神統一」という状態）。

正しい心の働かせ方は、以上の六つのどれか。——天風の答えは、⑥の集中である。集中という精神状態においては、心を散らさない、とらわれない、心の主体性を確保する、という三つの要件が備わっている。集中と間違えやすいのが、⑤の傾注である。傾注は事物にとらわれ、心の主体性がない。両者の違いを上図で示した。

思想14

欲望

欲望を肯定する天風式欲求の五段階説。霊性の欲求を最上とする。

天風の言葉

欲望は燃やしといて、ときどきその欲望を満足させてやればいい。ただ欲望に執着しちゃいけない。

『信念の奇跡』

天風哲学は、欲望を肯定している。

「欲を捨てろなんて、そんな消極的な、できないことは大嫌いだ」（『盛大な人生』）と、天風は言い放つ。

欲望は生命の属性である。欲望を捨てることは、生命を捨てることに等しい。天風によると、欲望には、次の五段階があるという。

①本能を満たしたいという欲望――食欲、性欲、睡眠欲など。
②感覚を満たしたいという欲望――見たい、聞きたいなど。
③感情を満たしたいという欲望――愛されたいなど。

④理性を満たしたいという欲望――知的好奇心を満たしたいなど。
⑤霊性を満たしたいという欲望――他人を喜ばせるのが嬉しいなど。
法則性として、①よりも②、②よりも③と欲望は高級になり、最上級は⑤の霊性を満たしたいという欲望である。つまり、天風は、自己中心の欲望ではなく、世のため人のためになるという欲望に高い価値を置いている。

では、①～④の欲望とはどういうものか。これらは、満足を求めようとする心が、さらなる欲望を生んで際限がなく、やがて苦しみが伴うようになる欲望である。たとえば、③の愛されたいという欲望が行き過ぎると、執着となり、憎しみに変わりやすい。ここに陥ると愛憎劇が始まり、地獄だ。

右の天風の言葉にあるように、欲望を満たしても、欲望に執着しないことである。執着しなければ、どの段階の欲望も捨てる必要はない。要するに、欲望が悪いのではなく、欲望への執着が地獄を生む。

さらに、よりよく生きるには、欲望の重心を、①から②、②から③へと上昇させることを心がける。目指すのは、⑤である。霊性を満たしたいという欲望だけが、いくら求めても楽しいものだからだ。

思想15 信念

霊性意識に根ざし、潜在意識と一つに結びついた絶対的な思い。

天風の言葉

イエスとかノーとかを心の中で考えてるあいだは、その心は相対的なんです。その相対的な心境から超越した心境が絶対的な心境で、それがすなわち信念なんです。

『信念の奇跡』

信念とは、ある思い（念）を信じて動かない心である。絶対化した心境と言える。たいていの念は「信―不信」のあいだを揺れ動くだけ。揺れ動く理由は、感情や理性から萌え出た念だからだ。これを信念とは言わない。

念を思う心が不動になるためには、実在意識で思ったことが、潜在意識とぴったり一つに結びつかなければならない。潜在意識にまで浸透させることが、信念形成に求められる。しかし、これだけではない。

信念形成に必要なのは、念が霊性意識に根ざすことだ。霊性意識に根を張った不動の心境が、信念である。

思想16

信念煥発法《かんぱつほう》

願望を潜在意識にまで浸透させ、信念化させて実現する方法。

天風の言葉

同じことを絶え間なく、はっきりした映像にして心に思考させれば、言い方を変えりゃ、心のスクリーンに想像というありがたい力を応用して描けば、それは期せずして強固な信念となって、その信念がいつかは具体化する。

『盛大な人生』

信念の力を利用し、次の要領で願望を実現させる方法である。

①心に念願する事柄をはっきりと映像化する。

②映像化した念願を、オリンピックの聖火のように燃やし続ける。

すると、潜在意識にまで願望が届いて、その思いはビクともしなくなる。こうして信念へと成長した思いは、やがて実現する。これを信念煥発法《かんぱつほう》という。煥発とは、輝き現れること。ところが多くの人は、信念化する前に弱気になり、なし崩しに終わりやすい。信念煥発法では、自分の思い方が試される。

思想17 積極

建設の作用を生み、生命を健全に発展させるプラスのベクトル。

天風の言葉

心の態度が積極的だと、お互いの命の全体が積極的に運営される。反対に消極的だと、またそのとおりに全生命の力が消極的に萎縮《いしゅく》せしめられてしまう。

『成功の実現』

天風は、「せきぎょく」と重々しく発音する。この発音は、講演では強いインパクトを与えた。実際、「積極」は天風哲学の中核となる概念だ。そのため か、天風の発音を真似る人がいるが、我々はふつうに「せっきょく」と言って問題はない。

積極とは、プラスのこと。天風は、「プラスが勝《まさ》っているときは建設の作用が現実に行なわれる。あの人は丈夫だ、あの人は運がいいというのは、宇宙エネルギーの受け入れた結果にプラスの多いときである」(『運命を拓く』)

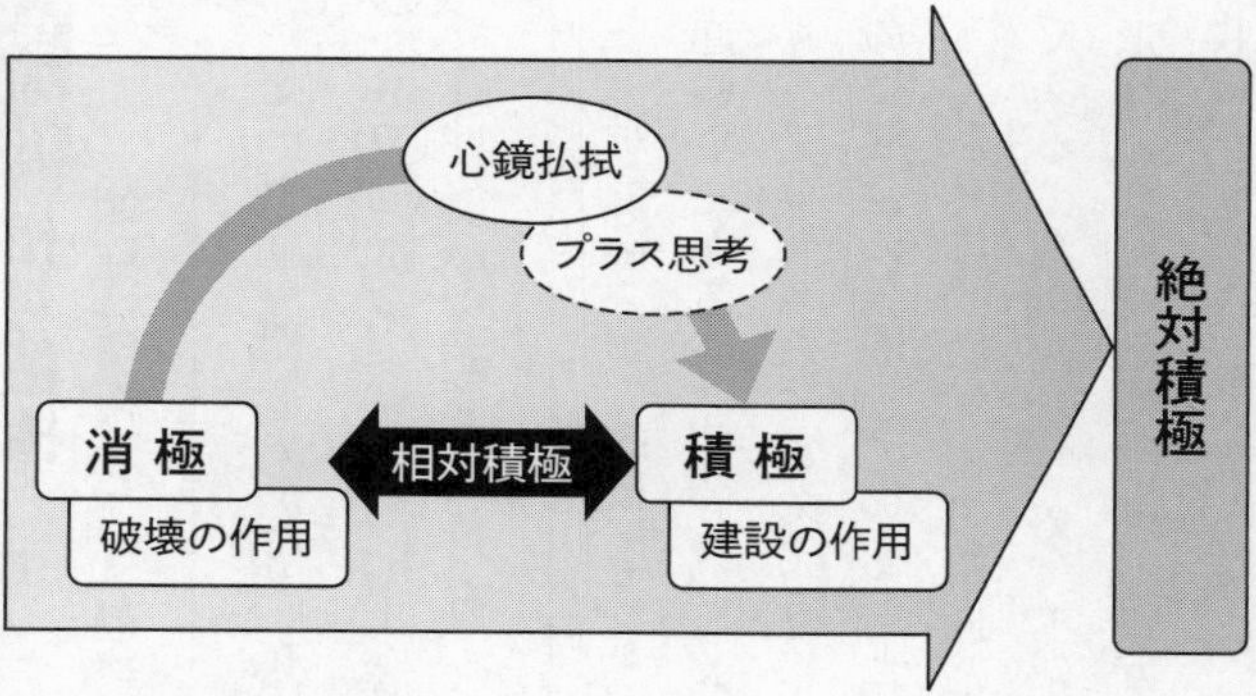

最終目標は「絶対積極」であり、心鏡を払拭しながら積極の方向へと向かっているとき、生命は健全に発展している。

と語る。積極（プラス）が勝ると、宇宙エネルギーの働きは建設的なものになる。逆に、消極（マイナス）が勝ると、破壊的なものになる。

天風哲学の特徴は、積極に二つの次元を見出したことだ。

◎相対積極（思想18）——積極と消極が相《そう》克《こく》している次元。心鏡払拭《しんきょうふっしょく》（思想54）は、プラスへと転換する方法である。よく知られている「プラス思考」も、相対積極の技法にほかならない。

◎絶対積極（思想19）——相対積極を超越した次元。この次元には消極がなく、安心立命の境地が得られる。積極における最終目標である。

思想18 相対積極

「絶対積極」という最終目標に至るための手段であり、通過点である積極。

天風の言葉

怒ったり、悲しんだり、恐れたり、（中略）消極的な感情です。そういうものが心の中に起こる。それに対して、これをこらえようとか、これに負けまいとする気持ち、これは相対的積極なんです。

『心に成功の炎を』

相対積極（相対的積極ともいう）は、絶対積極（最終目標）へと向かっていく通過点である。発展しつつある積極であり、絶対積極に至るための手段であり、プロセスだ。このように、人が積極の方向へと向かっているとき、その生命は健全に発展している、と天風哲学では考える。

では具体的に、相対積極とは何か。〝積極と消極の相克《そうこく》〟という次元の積極である。消極に対して、「なにくそ！」「負けるものか！」と張り合っている。張り合っている相手は、自分の心に湧き上がってくる後ろ向きの感情だ。さらには、「あいつにだけは負けたくない」というライバルに対してだ。こうした努力によって達する境地は、「恬淡明朗《てんたんめいろう》」「潑剌颯爽《はつらつさっそう》」という積極心である。ところが、絶対積極への道のりでは、前進している人ばかりではない。一時的に後退したり、立ち止まったままの人がいる。このような相対積極での試行錯誤をどう見るか。サッサと通り過ぎるべき通過点と見るか、それとも自分を鍛えるべき舞台と見るか。天風は、明確な答えを与えていない。

本書では、相対積極をおろそかにすると、現実から遊離すると考える。相対積極という大地のうえで、苦闘すべきであろう。消極や自己否定によって鍛えられなければ、強靭《きょうじん》な積極心は育たない。そもそも、宇宙エネルギーにはなぜ、建設の作用をおこなう力（プラス）だけでなく、破壊の作用をおこなう力（マイナス）が備わっているのか。破壊がなければ、建設ができないからではないか。つまり、マイナスがなければ、本当のプラス（絶対積極）に至ることはできない。

相対積極の大舞台に立つ典型的な人物は、経営者である。経営者は、さまざまな利害関係者の要望を満たしながら、未来を創造しなければならない。株主、従業員、顧客、取引先、地域や地球環境など、相反する要望を同時に満たさなければならないのが経営者の苦労だ。そのためには、高いビジョンを掲げて、すべての利害関係者の思いを一つにすることだ。

そんな苦闘のなかで、経営者は誰よりも成長し精神性が育つ。たとえば松下幸之助の精神性は、「素直な心」として結実した。相対積極の舞台で苦闘するからこそ、かぎりなく絶対積極に近づいていくのだと考えられる。大切なのは、次の諸点であろう。

◎理想を描き、押し寄せる試練に立ち向かう。

◎どんな試練が来ても流されないよう、軸足を積極に置く。

◎心が折れそうになっても、天風の教えを精神的支柱にし、自分を鍛える。

相対積極の舞台で自分を燃やし切らなかった人は、いつまで経っても低次元の欲望がくすぶったままではないだろうか。現実の試練を経ていない「絶対積極」は観念的なもので、遊戯でしかない。荒波にさらされていないから安定しているだけ。本当の危機が訪れたら、まやかしの絶対積極ではひとたまりもない。

相対積極の舞台を再評価し、通過点であるこの積極をどう生きれば絶対積極の境地に達するのか、思いを致す必要があるだろう。

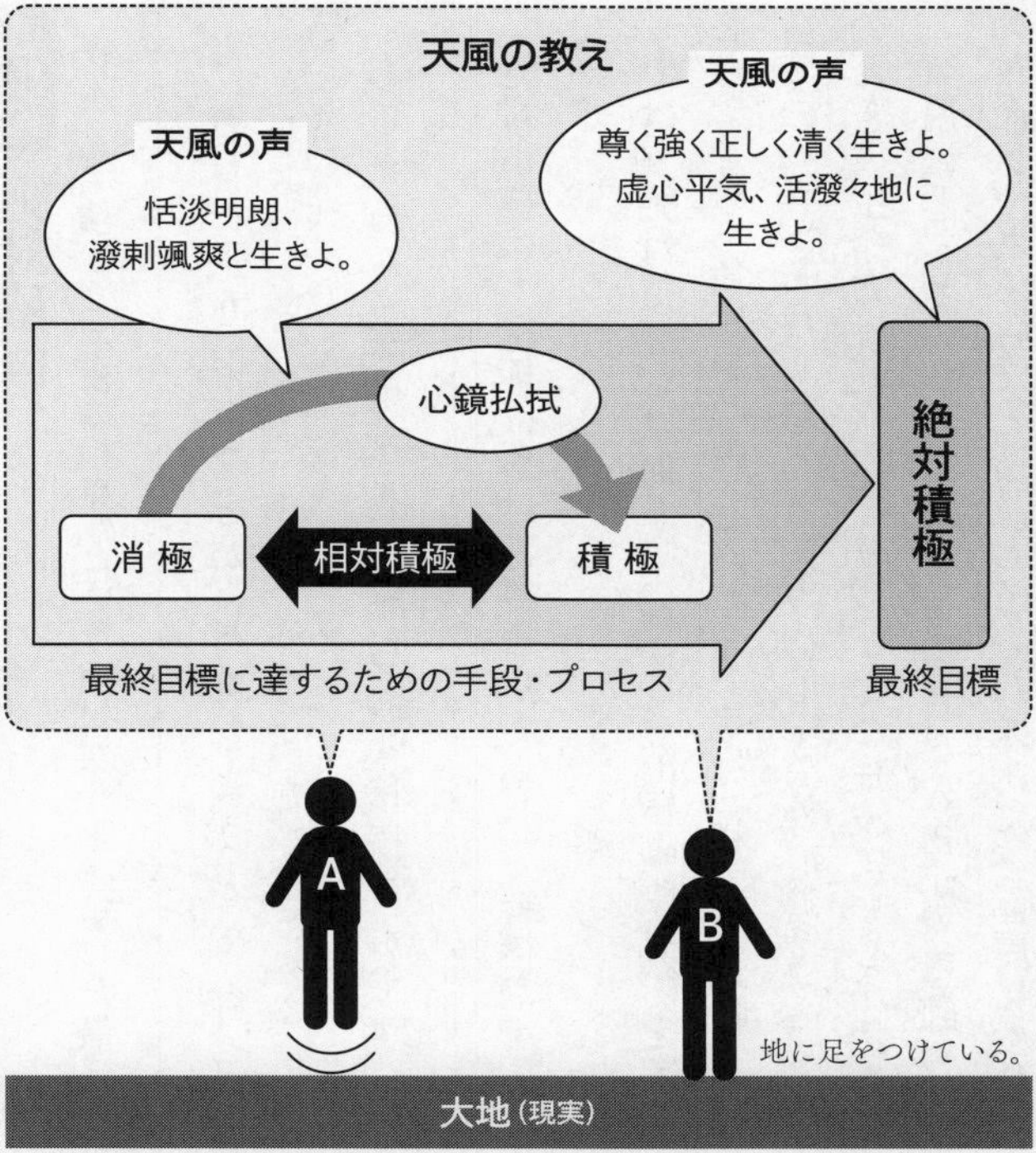
天風の教え
天風の声
恬淡明朗、
潑剌颯爽と生きよ。
天風の声
尊く強く正しく清く生きよ。
虚心平気、活潑々地に
生きよ。
心鏡払拭
消 極
相対積極
積 極
絶対積極
最終目標に達するための手段・プロセス
最終目標
A
B
地に足をつけている。
大地（現実）

天風の教えを指針にしているAさんとBさんの違いは……。

◎Aさん……試練のなか、「こんなときこそプラス発想だよね」と思っているうちに時が問題を解決したり、誰かが助けてくれ、平穏に過ぎていく。天風の教えは観念的なものになりやすい。

◎Bさん……試練のなか、「こうありたい」という理想を描き、問題解決していく。「相対積極は自分を鍛える舞台だ」と受けとめている。大地に育てられ、絶対積極に近い境地に至りやすい。

思想19 絶対積極

〝積極と消極の相克〟という相対次元を超越した最終地点。

天風の言葉

けっして張りあおうとか、対抗しようとか、打ち負かそうとか、負けまいといったような、そういう気持ちでない、もう一段高いところにある気持ち、境地、これが絶対的な積極なんです。

『心に成功の炎を』

絶対積極は、積極における終着点であり、究極だ。天風哲学が目指すところである。

では、絶対積極とは何か。〝積極と消極の相克《そうこく》〟を超えた積極。勝負にこだわらず、勝ち負けを超越している。また、相手と比較することがない。だから、自分のベストを尽くそうという虚心平気《きょしんへいき》な心境で、フルに力を発揮できる。このとき、生命力は旺盛になり、どんな荒波にも心が翻弄されることはない。

天風にとって、絶対積極を体現した人物が、恩師の頭山満《とうやまみつる》であった。中国の革命家である孫文と密談していた頭山に、飴屋に変装した刺客が送られた逸話は別項で紹介した（生涯05）。銃口を突きつけられると誰だって平静を失うものだ。が、頭山は平然としていた。どんなときも普段と態度が変わらない。「ことがある日もことなき日と同様、生きてることを楽しむ（有事が起こった日も、普段の日と同じように、生を楽しむ）」（『信念の奇跡』）という境地である。これを絶対積極という。天風は、次のような言葉を用いて、絶対積極を言い換えている。

◎心が尊く、強く、正しく、清らかな状態。
◎虚心平気《きょしんへいき》（思想20）――心に波風を立てない境地。
◎活潑々地《かっぱつぱっち》（思想21）――自由で生命力に満ちた境地。
◎無我無念《むがむねん》（思想50）――我執《がしゅう》がなく雑念がないという境地。
◎順動仮我境《じゅんどうかがきょう》（思想53）――五官（目・耳・鼻・舌・皮膚の感覚器官）にとらわれず、感情や感覚にふり回されない境地。

ちなみに、絶対積極に達するまでのプロセスを、相対積極（思想18）と呼ぶ。このプロセスでは、「恬淡明朗《てんたんめいりょう》」「潑剌颯爽《はつらつさっそう》」という生命力に満ちた境地に達しうる。ここまで達すると、絶対積極に近いと言えよう。

思想20 虚心平気《きょしんへいき》

心に雑念や妄念を起こさず、波風が立たないという境地。

天風の言葉

人間はいざというとき、気分というものを絶対的に虚《きょ》にして、気を平《たいら》にすりゃあ、何にも恐ろしいことはない。

『心に成功の炎を』

虚心平気《きょしんへいき》とは、心が虚で、気が平ということ。

◎心が虚《きょ》とは——虚は〝無い〟こと。反対語は「実《じつ》」で〝有る〟こと。つまり、心に湧き上がる雑念や妄念がなく、何ものにもとらわれない境地を「虚心」という。

◎気が平《たいら》とは——平は凹凸がないこと。平和で穏やかな境地を「平気」という。

右の天風の言葉は、「ここぞというときは、雑念や妄念を払って心に波風を立てないこと。何か有事が発生しても、心に波風を立てずに対処せよ」ということだ。つまり、心を絶対積極の状態にする。

思想21 活潑々地《かっぱつぱっち》

とらわれやこだわりといった障害がなく、自由自在に生きる境地。

天風の言葉

運命を阻《はば》めるかのごとき逆動仮我《ぎゃくどうかが》の意識を、よく自由に静定して、容易に活潑々地の境涯たる順動仮我《じゅんどうかが》の境に入るべく、この打坐密法《だざみっぽう》のごとき的確に心機転換の妙機を捉え得るものを真剣に実修しなければいけない。

『安定打坐考抄』

右の天風の言葉には、「活潑々地《かっぱつぱっち》の境涯たる順動仮我の境」という一文がある。順動仮我境（思想53）は絶対積極の境地のこと。したがって、活潑々地も絶対積極の境地ということになるが、具体的にどういう状態なのか。

活潑々地は、魚がピチピチ躍るさまをいう。このイメージから転用して、とらわれやこだわりといった障害がなく自由自在に生きる、という意味になった。

ここには、消極を超越した、生命活動のはち切れんばかりの躍動感がある。進化向上、創造性という生命活動が、人間に顕現した状態である。

思想22 絶対消極

自己の無力を自覚し、他力に帰依して安心立命を得る境地。

天風の言葉

なし

天風の世界に、「絶対消極」の文字はない。

しかし、あえて絶対消極というパラレルワールド（別の世界）を考えてみたい。そうすることで、対極にある「絶対積極」がよりクリアになるからだ。

絶対消極の境地を求めた人物がいる。彼は中学生のころ、二歳上の兄を喪《うしな》った。高校に進学すると、兄と同じ病である腎臓結核を発症し、右側の腎臓を摘出する。その翌年に再発。医者から「三十歳まで生きられない」と宣告され、苦悶の末に、消極的に生きることで安らぎを得ようと決意する。彼の結論は、「究極の絶対消極は、絶対無我＝宇宙の本体と合一できる」（『「積極」への途』）というものであった。後年、天風に出会って衝撃を受ける。人生観が百八十度転換することになったその人の名は、安武貞雄《やすたけさだお》（生涯44）である。

絶対消極の世界とは、どのようなものか。自力の要素がゼロの世界である。ゼロの境地に達するのは、並大抵ではない。相対消極の次元でのたゆまぬ修練が求められるからだ。

相対消極とは〝積極と消極の相克《そうこく》〟の舞台で、自分の力の無力を自覚し、自力では自己救済できないから、神や仏に帰依《きえ》しよう、他力で生きよう、と志しながらも、どこかに自力（積極）が出てしまうという消極である。

たとえば、南無阿弥陀仏の名号を唱えたら救われるとばかりに、神仏（他力）にすがって「なむあみだぶつ」を唱えているうちは、まだ相対消極である。なぜなら、念仏（名号を唱えること）を自己救済の手段として用いるという自力が残っているからだ。そうではなく、ただ「なむあみだぶつ」になりきる。鈴木大拙《だいせつ》は、

「他力を自覚の上から、自《おのず》から口に出るところの念仏は、念仏であって念仏でない。自分と仏と二にして一、一にして二なるところのものである」（『新編 東洋的な見方』）

と説く。ここには自己救済しようという邪念がない。念仏になりきっている

から「なむあみだぶつ」がただ口を衝《つ》いている。この境地（「絶対の『他力』、自他を離れた『他力』」（同書）という境地）に至って、絶対消極に達する。

そんな自力と他力の葛藤に苦しんだ一人の僧がいる。清沢満之《きよざわまんし》（一八六三〜一九〇三）である。彼は、真宗大谷派の僧であり、明治の偉大な思想家だ。絶筆となった随想「我が信念」にこう書いている。

「自力無効を信じるためには、私の知慧《ちえ》や思案を可能なかぎりを尽くして、頭のあげようがないまでになることが必要である」（『現代語訳　清沢満之語録』）仏（他力）を信じることが信念になるには、どんなに知恵や思案を尽くしても頭のあげようがないというまでの「無力の自覚」が必要であるというのだ。

では、絶対消極は、絶対積極とどこが共通し、何が違うのか。

◎絶対積極との共通点——安心立命が得られること。

◎絶対積極との相違点——宇宙エネルギーが得られないこと。

天風は、積極的に生きれば生命エネルギーが高まり、理想の人生（長い、強い、広い、深い）が築かれると教えた。清沢満之が三十九歳で没し、安武貞雄が七十七歳の長命を得たという事実は、天風哲学を考えるうえで象徴的だ。

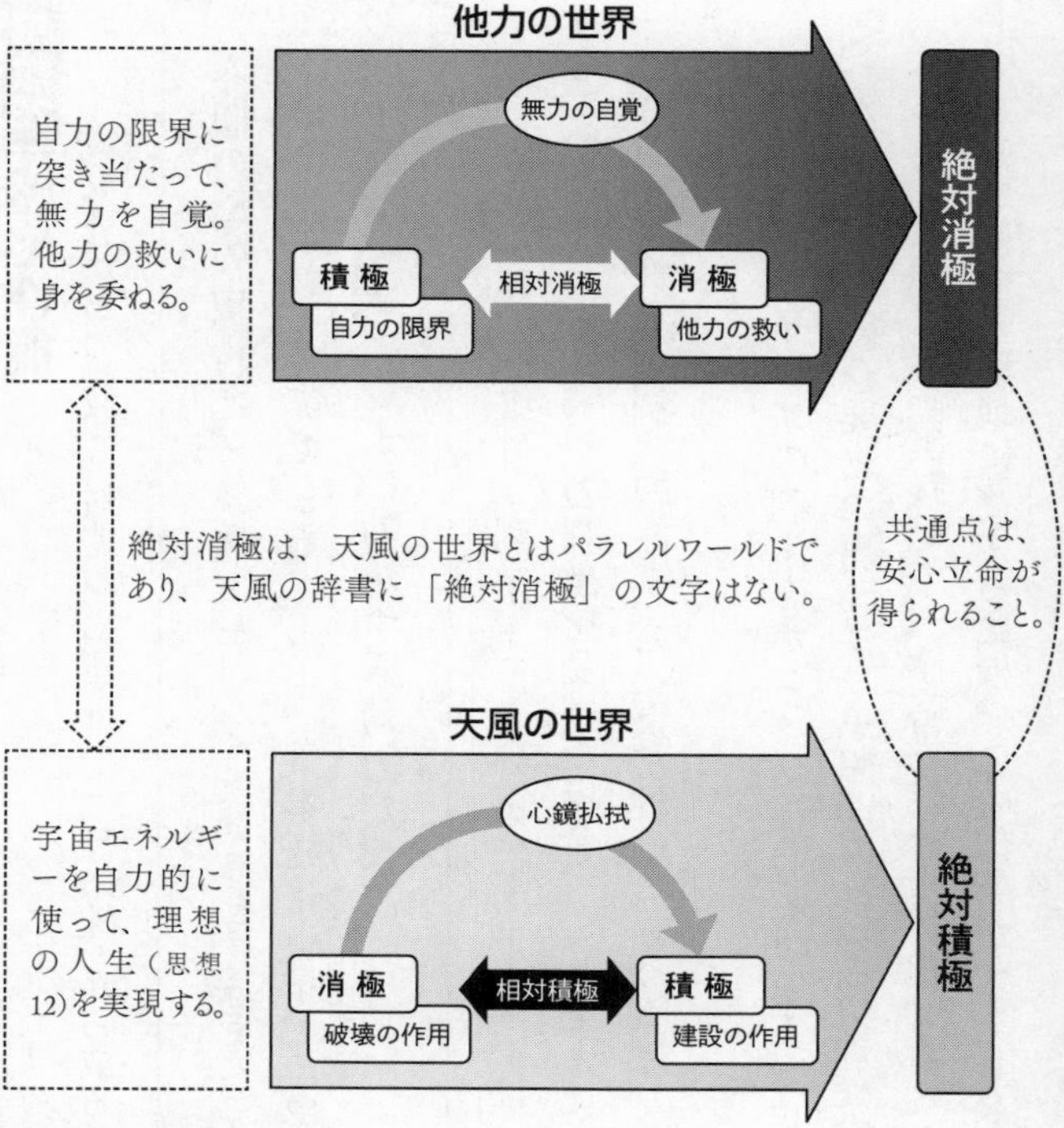
他力の世界
自力の限界に突き当たって、無力を自覚。他力の救いに身を委ねる。
無力の自覚
積 極
自力の限界
相対消極
消 極
他力の救い
絶対消極
絶対消極は、天風の世界とはパラレルワールドであり、天風の辞書に「絶対消極」の文字はない。
共通点は、安心立命が得られること。
天風の世界
宇宙エネルギーを自力的に使って、理想の人生（思想12）を実現する。
心鏡払拭
消 極
破壊の作用
相対積極
積 極
建設の作用
絶対積極

◎安武貞雄の事例

①病で絶対消極へ

腎臓結核が悪化し、「30歳まで生きられない」と宣告される。故郷で療養し、「絶対消極」の結論に至る。

天風と出会って、180度転換する

②絶対積極に目覚める

天風から、「理屈を捨てろ。馬鹿になれ」と諭される。心身統一法を徹底し、77年の生涯を全うする。

安武の事例は、拙著『中村天風 「自力」で運命を動かせ』（第2章）に詳しい。

思想23

感《かん》応《のう》性《せい》能《のう》

外界からの刺激に対する〝感受性〟と〝反応性〟から成る一連の心的作用。

天風の言葉

人間の心の中にサゲスティビリテート(Suggestibilität)というものがあるんです。これ、誰にでもあるのよ。日本語に訳すと「感応性能」。これが人間の心をさまざまに動かす原動力だ。

『幸福なる人生』

感応性能とは、感受性(刺激を受け入れる性向)+反応性(受けた刺激に対する反応)のこと。仮に、一の刺激を受けた場合、これを十にも百にも増幅して受け取り(感受性)、過剰に反応する(反応性)という人は、刺激にふり回されやすい。

たとえば、マイナスの刺激をポンポン撥《は》ね退《の》ける人は自然に防御している。そうなるには、観念要素の更改法(思想26)、積極精神養成法(思想34)、クンバハカ法(思想41)を実践して、感応性能を積極化すること。天風哲学が理想とする絶対積極の境地に達するには、この作業が欠かせない。

思想24

不要残留心意《ふようざんりゅうしんい》

現代人の潜在意識に引き継がれ、残留したままの本能心。

天風の言葉

潜在意識の整理が不完全だと、本能心意の中に「不要残留心意」なるものが多分に存在することとなる。

『叡智のひびき』

不要残留心意とは、潜在意識のなかに残っている本能心のこと。「不要残留本能心」とも呼ばれる。

そもそも、不要残留心意の〝不要〟とは、生命を生かすために大昔には必要であった動物心（本能心）が、現代人にはさほど必要でなくなったということ。

この不要なものが潜在意識のなかに残留し、その結果、悩まなくていいことに悩むという煩悶《はんもん》の人生を送らせることになる。

残留心意を掃除する方法が、観念要素の更改法（思想26）である。

思想25

潜在意識

実在意識によって方向づけないと制御できない力の源。

天風の言葉

潜在意識というものは心の胃の腑《ふ》ともいうべきもので、実在意識で意識的に思考した事は、一切合切それを撰択する事なしに片端しから呑込んでこれを悉《ことごと》く消化してしまう。

『研心抄』

潜在意識の役割は何か。第一の役割は、「生命を生かし、また守る」(『成功の実現』)という役割だ。第二に、「実在意識の思念するものを現実化する」(同書)という役割がある。

実在意識で思ったことが入力されると、潜在意識はその思考を現実化しようと働く。これが第二の役割であり、信念煥発法《しんねんかんぱつほう》(思想16)の原理である。つまり、潜在意識に方向性を与えるのが実在意識だ。このことを天風は、「実在意識は思考の源をなし、潜在意識は力の源という役割をしている」(『盛大な人生』)

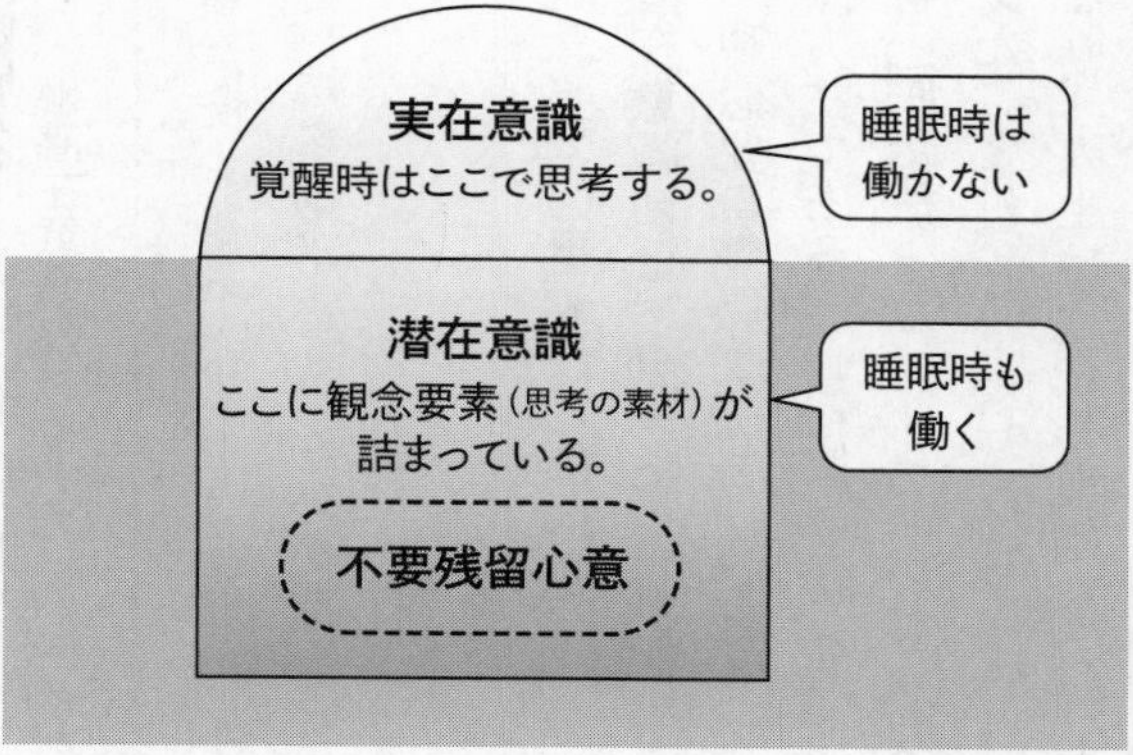
実在意識
覚醒時はここで思考する。
睡眠時は働かない
潜在意識
ここに観念要素（思考の素材）が詰まっている。
睡眠時も働く
不要残留心意

とまとめている。潜在意識は広大な海のように混沌としている。ここには、人類の古い記憶が引き継がれている。たとえば不要残留心意（思想24）として残り、煩悶《はんもん》の原因になる。

あるいは、マイナスの観念要素が積年のあいだに溜まっていることがある。溜まったマイナスの観念要素は、実在意識に影響を与え、消極的なことを考えさせる。知らず識《し》らず生き方がマイナスになり、病や不運を引き込んでいく。天風の対処法は、観念要素の更改法（思想26）によって、マイナスの観念要素をプラスへと置き換え、人生を好転させることだ。

思想26

観念要素の更改法

潜在意識のマイナスを、暗示を用いて、プラスへと入れ替える方法。

天風の言葉

筆を洗った真っ黒なコップの水が、水道の蛇口のところに置いておくと、ポタリポタリと水が落ちて、一晩の内に綺麗になってしまうだろう。

『運命を拓く』

観念要素の更改法とは何か。

潜在意識には、思考の素材が詰まっている。この素材を「観念要素」と呼ぶ。観念要素の更改法とは、プラスの観念要素を増やし、マイナスを減らしていく方法である。自己暗示法（思想27）と、他面暗示法（思想31）がある。

◎自己暗示法——マイナスの観念要素が潜在意識を支配すると、実在意識で考えたことは、ことごとくマイナスになってしまう。言葉や行動がマイナスになり、人生はうまく運ばない。そこで、プラスへと切り替える。この方法が、自己暗示法だ。右の天風の言葉は、このイメージを語ったもの。ポタリ

観念要素の更改法

- 自己暗示法【思想27】
  - ①連想暗示法【思想28】
  - ②命令暗示法【思想29】
  - ③断定暗示法【思想30】
- 他面暗示法【思想31】
  - ④積極的暗示の摂取
  - ⑤積極的人間との交際
  - ⑥積極的集団との交際

ポタリと水道の水が落ちるように、自分にプラスの暗示をし続ける。すると、コップ（潜在意識）のなかの黒い水（マイナス）が入れ替わり、確実にプラスへと転換していく。その結果、順境に身を置くことができる。

◎他面暗示法――我々が生きる環境は、暗示で満ちている。もしマイナスの環境に身を置くと、知らず識《し》らずのうちにマイナスに染まってしまう。そこで、プラスの環境を意識的に選び、日々、プラスの影響を受けるようにする。すると、自然に、潜在意識のなかの観念要素がプラスへと更改されていく、というもの。

思想27

自己暗示法

自分への暗示によって、潜在意識を誘導する方法。

天風の言葉

自己暗示とは、自己自身、自己の精神に与える暗示のことをいうのである。

『真人生の探究』

観念要素の更改法の一つ。自己暗示法とは、自分で自分に暗示をかけ、潜在意識を思い通りに働かせる方法。別名「自己暗示誘導法」という。次の方法がある。

◎楽しいことを連想して潜在意識を積極化する――連想暗示法（思想28）。

◎なりたい姿を暗示して現実化する――命令暗示法（思想29）と、断定暗示法（思想30）の合わせ技。

自己暗示を続けると、この暗示を受け取った潜在意識は、やがて暗示通りの内容を実現していく。

思想28

連想暗示法

寝ぎわに明るく楽しいことを思い浮かべ、潜在意識をプラス化する方法。

天風の言葉

夜の寝ぎわ、考えれば考えるほど嬉しくなることや、思えば思うほど楽しくなることだけを、もう、心にありありと描いて寝るようにしてごらん。

『君に成功を贈る』

自己暗示法の一つ。人に備わった想像力を利用して、眠るまでのあいだ、心が明るく楽しくなるようなことだけを思い浮かべる方法。

寝ぎわは大脳の活動が低下する。すると、被暗示性が高まり、思い浮かべたことが暗示となって、潜在意識に印象づけられる。だから、悲しいこと、腹が立つこと、気がかりなことといったマイナスをいっさい寝床にもちこまない。

逆に、明るく、勇ましく、微笑ましいことだけを連想すること。家族や旅の写真などを取り出し、枕の下に忍ばせるのも効果的である。

思想29

命令暗示法

鏡に映った自分の顔に向かって、望んでいることを命令する願望実現法。

天風の言葉

就寝直前の方法＝これは命令法でありまして、即ち自己の姿を鏡に写し眉間の箇所を厳粛に見詰めてそのまま命令的に強く言い表わすのであります。

『心身統一哲醫學』

自己暗示法の一つ。鏡に映った自分の顔に向かって、望んでいることを真剣に命令し、実現させるという暗示法。手順は、次の通り。

①寝床に入る前に、自分の顔を鏡に映す（手鏡くらいの大きさでよい）。
②眉間に意識を集中する（顔全体が見やすくなる）。
③鏡の顔に向かい、二人称で呼びかける（「あなたは……」「おまえは……」と）。
④自分が望んでいる願い（なりたい姿）を一つ選ぶ。
⑤これを命令する（真剣に、ただ一度、しっかりと小声でやる）。
⑥実現するまで継続しておこなう。

たとえば、神経過敏の人なら、「あなたは物事を気にしなくなる」と、自分に命令する。このとき、「物事を気にしなくなりますように」と、何かにすがったり願ったりする他力系の暗示法では効果が薄い。

また、「あなたは数学の成績が良くなる」「あなたは営業成績が上がる」という直接的な暗示では、心に抵抗感が起こりやすい。この場合、間接的に、「あなたは数学が好きになる」「あなたは仕事が好きになる」と、あまり抵抗がない命令をおこなう。

かつて天風は、アデントン・ブリュース博士から、「病が治る秘訣とは、病を考えないことだ」と教えられたことがあった（生涯14）。しかし、ブリュースには方法論がなかった。この場合、「あなたは病を気にしなくなる」と、命令暗示すればよかったのだ。

この方法には原案がある。心理学者のリンドラーの方法である。欧米で求道の旅をした若いころ、天風は、鏡を使った自己暗示法をリンドラーから学んだという。心身統一法では、さらに断定暗示法（思想30）とセットで用い、効果を高めている。

思想30

断定暗示法

寝がけにおこなった暗示を、目覚めてすぐに断定する暗示強化法。

天風の言葉

覚醒直後の方法＝これは断定法でありまして、朝起き上《あが》ると直ちに、鏡を見ずに（中略）断定的に強く一度言い表わすのであります。

『心身統一哲醫學』

自己暗示法の一つ。命令暗示法と併用する。寝がけに命令した暗示内容を、翌朝目覚めたときに、断定的口調でくり返す方法。断定することで、暗示は強化される。やり方は、次の通り。

①目覚めたらすぐに、前の晩に与えた暗示を断定する。たとえば前夜、「あなたは病を気にしなくなる」と命令したら、翌朝、「私は病を気にしなくなった」と力強く声に出す。そうすることで、暗示を実在意識に引き戻し、暗示の効果を確実なものにすることができる。

②ポイントは、「私は……」と一人称で呼びかけることと、「……になった」と

命令暗示法

自分に命令して、
潜在意識に働きかける。

断定暗示法

暗示を実在意識に引き戻し、
効果を確実にする。

【命令】
「あなたは数学が好きになる」→【断定】「私は数学が好きになった」

【命令】
「あなたは病を気にしなくなる」→【断定】「私は病を気にしなくなった」

連想暗示法

寝ぎわに、愉快なことを思い浮かべて潜在意識を積極化する。
「命令暗示法」「断定暗示法」の効果を高めるベースがつくられる。

過去形で断定すること。鏡を用いず、なりたい状態をスパッと言いきる。仮に目覚めたとき、病が気になっていたとしても、その気持ちにとらわれないこと。

③朝にかぎらず、昼間でも夜でも何度でも断定暗示法をおこなうと、心はビクともしないものになる。

睡眠をはさんで、命令暗示と断定暗示をおこなうところに意味がある。睡眠は、暗示を潜在意識に馴染ませるからだ。

毎日やると、およそ三カ月から半年ほどで実現する、と天風は目安を示している。

思想31

他面暗示法

外界からのマイナス暗示を撥《は》ね退《の》け、プラス暗示を摂取する方法。

天風の言葉

心の積極的な人に接触する、そうすると、自然とその積極的な心が見えざる電波を伝わって、あなた方の魂に感化を与える。

『幸福なる人生』

観念要素の更改法の一つ。外界からの暗示を吟味して、マイナスの暗示を撥《は》ね退《の》け、プラスの暗示を受け取る方法。「暗示の分析」(思想36)を併せて用いると効果が高い。

我々が生きる環境には、刺激が満ちている。気づかないうちに、周りから影響を受けている。これが外部からの暗示である。そこで、暗示の分析をおこなう。心身統一法では、具体的に次のような対処法を教えている。

◎積極的な人(集団)と交わり、つきあう。

◎積極的な人の講演や講話を聞く。

◎積極的な内容の本を読む。
◎積極的な雰囲気に親しむ。

実際にやってみると、なかなか簡単にはいかないものだ。現実の社会にはマイナスが多く、積極的なものを見つけるまでに、マイナスとの接触を避けることができない。また、百パーセント積極的な人は存在しない。たとえ積極的だと思える人に出会ったとしても、暗示の分析を欠かさず、その人の消極的な部分にまで染まる必要はない（集団についても同様）。

外界からプラスの暗示を取り入れる理由は、人は刺激がなくては成長できないからだ。しかし、暗示の分析が未熟なうちは、積極か、消極かを見分けられず、マイナスの道に進むことがあるだろう。逆説的ではあるが、マイナスの道に進んだことが、後《のち》の反省を通して、自己成長をうながすことがある。

マイナスは決して不要ではない。マイナスが人を鍛えることは、相対積極で見た通りである（思想18）。このような側面を見据えて、そのうえで、環境のなかの積極的なものを取り入れようと決意すること。つまり、他面暗示法をおこなうとは、環境に流されず、主体性を確保することである。

思想32 連想行《れんそうぎょう》

一定時間、集中的に、積極的なことだけを連想する修行。

天風の言葉

特に意識的に、積極的の事柄のみを想像し、思念するということをやるんですよ。これを連想行とか、想定行と言います。

『心を磨く』

連想行は、一定時間、集中的に、積極的なことだけを連想し続ける修行である。たとえば、通勤や通学の電車などで、「よし、これから五分間、楽しいことだけを考えよう」と集中することだ。

連想暗示法（思想28）は、夜、寝るまでのあいだに楽しいことを連想する方法であった。これに対して連想行は、朝でも、昼でも、夜でも、いつでもできる。ただ、「連想行」と名づけられているように、〝行《ぎょう》〟すなわち修行という側面がある。観念要素がマイナスからプラスへと更改されるだけでなく、集中力が鍛えられるだろう。

思想33

ソリロキズム

雑念を払う、つぶやきの自己暗示法。

天風の言葉

「こんなことに腹が立つか。こんなこと悲しくない。自分はそれより以上すぐれた心の持ち主だ」というふうに、自分自身が一人でつぶやくのを、ソリロキズムという。

『心に成功の炎を』

ソリロキズムとは、心のなかに湧いた雑念や妄念を打ち消す暗示法。具体的には、心のなかでつぶやくだけ。声に出さず、観念のなかで自分を励まし勇気づける。

たとえば、理不尽な言いがかりをつけられたとしよう。いくら丁寧に説明しても、相手に通じない。そのうち、堪忍袋の緒が切れそうになる。そんなとき、心のなかで自己暗示をおこなう。「こんなことで腹を立てるものか」と。

こうして、心に湧いたマイナスの感情を打ち消して、プラスへと瞬時に気分を転換するのである。

思想34 積極精神養成法

実在意識を積極化し、生来の積極精神を顕現させる方法。

天風の言葉

積極観念の養成法というのをお教えしよう。これをやれば必ず積極的な観念は出てくる。（中略）そうなると、今までと打って変わった人生が生きられるってことになるでしょう。

『幸福なる人生』

積極精神養成法とは、実在意識を積極化する方法。さらに言えば、消極を取り除いて生来の積極精神を発揮させる方法である。「積極観念の集中法」「積極観念の養成法」ともいう。天風は図の五つの具体策を掲げた。

安武貞雄（生涯44）は、天風の教えに検討を加え、次の六項目に整理し直している（『健康と幸福への道』参照）。

◎暗示の分析――自分に取り入れてよいもの、悪いものを見分ける。

◎内省検討――自分の思いがプラスかマイナスかを見分ける。

◎苦労厳禁――どうにもならないことには悩まない、考えない。

積極精神養成法

- 内省検討【思想35】
- 暗示の分析【思想36】
- 対人精神態度【思想37】
- 取り越し苦労厳禁【思想38】
- 正義の実行【思想39】

上記の区分は、中村天風著『真人生の探究』による。

◎言行の積極化――積極的な言葉を使い、積極的な行動をする。

◎対人態度――他人を不愉快にする言動を慎み、人々を勇気づける。

◎正義の実行――本心や良心が命ずるところにしたがって行動する。

改めて、積極精神を養成するとは、どういうことか。天風は、「人間は本来、強いものである」と断言する。生まれながら積極精神が具《そな》わっているからだ。が、消極的なもので覆い隠されている。つまり、積極精神を養成するとは、「弱いものを強くする」のではなく、消極を取り除いて「強いものを強いまま発現させる」ことにほかならない。

思想35

内省検討

自分の考えがプラスかマイナスかを、第三者的に吟味する方法。

天風の言葉

内省検討という事は須《すべか》らく我執《がしゅう》を離れて行うべし。そうしないと往々独善に陥る。

『叡智のひびき』

積極精神養成法の一つ。自分の思っていることがプラスかマイナスかを見分ける方法。次の手順で実行する。①今現在、②自分が思い、考えていることが、③明るいものであるか、暗いものであるかを、④厳格な態度で公平に、⑤判定する。

このとき、自己弁護しないこと。第三者的に、冷静に自分を見つめる。内省検討とは、自分が自分自身に対しておこなう技法である。

なにより、他人に反省を強要してはならない。「内省検討しなさい」などと、他人を巻き込むのはご法度だ。

思想36

暗示の分析

取り入れていい暗示か、避けるべき暗示かを見分ける方法。

天風の言葉

精神感応性能が完全に積極的になってる人ならば、べつに自分で吟味しようと思わなくたって、消極的なものはポンポンポンポン、心が自然作用ではねのけてしまう。

『心に成功の炎を』

積極精神養成法の一つ。環境のなかで、自分に取り入れていいプラスの暗示か、避けるべきマイナスの暗示かを見分ける方法。暗示の分析は、他面暗示（環境のなかで知らず識らずのうちに受ける暗示）に対する対処法である。

◎初級レベル――目や耳から入ってくる情報を吟味し、取り入れるべきかどうかを取捨選択する。吟味の基準は、積極かどうかに置かれている。

◎上級レベル――感応性能（思想23）が積極的になると、情報を吟味しなくても、マイナスをポンポンと条件反射的に撥《は》ね退《の》けるようになる。右の天風の言葉はこのことを教えたもの。

思想37 対人精神態度

みずから積極的な言動をすること。他人にも積極的に接すること。

天風の言葉

人を傷つける言葉、勇気を挫《くじ》くような言葉、あるいは人を失望させるような言葉、憎しみ、悲しみ、嫉《ねた》みの言葉を遠慮なくいっている人間は、悪魔の加勢をしているようなものだ！

『運命を拓く』

積極精神養成法の一つ。積極的な言葉を使い、積極的な行動を取ること。つまり、周りの人に積極的な言動で接することである。

安武貞雄は、天風の「対人精神態度」を整理し、次の二つに分けた。

◎言行の積極化――みずからの言動を積極的にする。そんなクセをつける。

◎対人態度――他人にはプラスの言動で応対し、マイナスを慎む。

職場のようなオフィシャルの場では言動に気をつけている人も、家庭では隙《すき》ができやすい。家庭で積極的な言動ができてこそ、本物である。

思想38

取り越し苦労厳禁

どうにもならないことで悩まず、心のエネルギーを消耗させないこと。

天風の言葉

取越苦労というものくらい下らぬものはない。それは徒《いたず》らに、心のエネルギーの消耗率を高めるだけで、何の得る処《ところ》もない全損的行為である。

『真人生の探究』

積極精神養成法の一つ。どうにもならないことは悩まず考えないということ。取り越し苦労厳禁の〝苦労〟とは、苦労性のことをいう。

次の三種類がある。

◎過去苦労――過ぎたことや、今さらどうにもしようがないことを、いつまでもくよくよと思い煩《わずら》う苦労性。

◎現在苦労――今、目の前にある事柄を何でも苦にしてしまう苦労性。

◎未来苦労（取り越し苦労）――まだこない先のことを、あれこれと悪い結果になる方向でばかり想像して思い悩む苦労性。

思想39

正義の実行

本心や良心が命じるところにしたがって行動すること。

天風の言葉

正義そのものの本義を把握することが出来ないかのように推定する人もあるかも知れぬが、決してそうしたものではない。要は各人の、本心良心に悖《もと》らぬことだけを標準として、行動すればそれでよい。

『真人生の探究』

積極精神養成法の一つ。正義とは、本心や良心が命じるところにしたがって行動すること。言い換えれば、心にやましさを感じることをしない、気がとがめることをしないということ。天風は、『成功の実現』のなかで、こう語る。

「本心良心に悖った言葉や行いというものは、それ自体がすでに消極的なんです。本心良心に悖ると、やましい観念のために心の力は常に萎縮してしまう」

後ろめたさを感じた時点で、ビクビクした毎日を送ることになる。心の力が弱くなる。そうではなく、正々堂々と生きれば、何も怖れるものはない。

思想40 本心・良心

霊魂から発した心。宇宙霊と通じている心。

天風の言葉

理性や感情は理智に相対し、理智は教養と経験に相対する。然《しか》し本心良心は徹頭徹尾絶対である。

『叡智のひびき』

霊性意識に根ざした心が、本心と良心である。本心や良心は、時（時代）や所（社会）によって変わることがない。普遍的で絶対的な心だ。

これに対して、理性や感情は相対的である。たとえば理性によってつくられた道徳は、時代によって変わる（思想77）。時の流れや、所によって変化するものは、基準にはならない。「正義の実行」（思想39）をおこなうにあたって、天風は道徳ではなく、本心や良心に基準を置いた。

本心と良心が絶対だという根拠は、霊魂から発した心であり、宇宙霊と通じているところにある。

思想41

クンバハカ法

外界からの刺激に心を乱されない体勢。神経反射を調節する方法。

天風の言葉

クンバハカというのは最も神聖なる状態っていうんだ。ホリー・アティチュード、最も神聖なる状態。

『成功の実現』

天風がヨーガの里で創案した特殊な体勢。別名、神経反射の調節法という。ヨーガの「止息（クンバカ）」を体勢の観点から分析した天風は、外界からの刺激に心が乱されなくなる三つのポイントを発見した。

①肩の力を抜く。

②下腹に力を充実させる。

③肛門を締める。

この三点を同時におこなう。有事には、④瞬時に息を止める、という止息を加える。以上の体勢を、心身統一法ではクンバハカと呼ぶ。

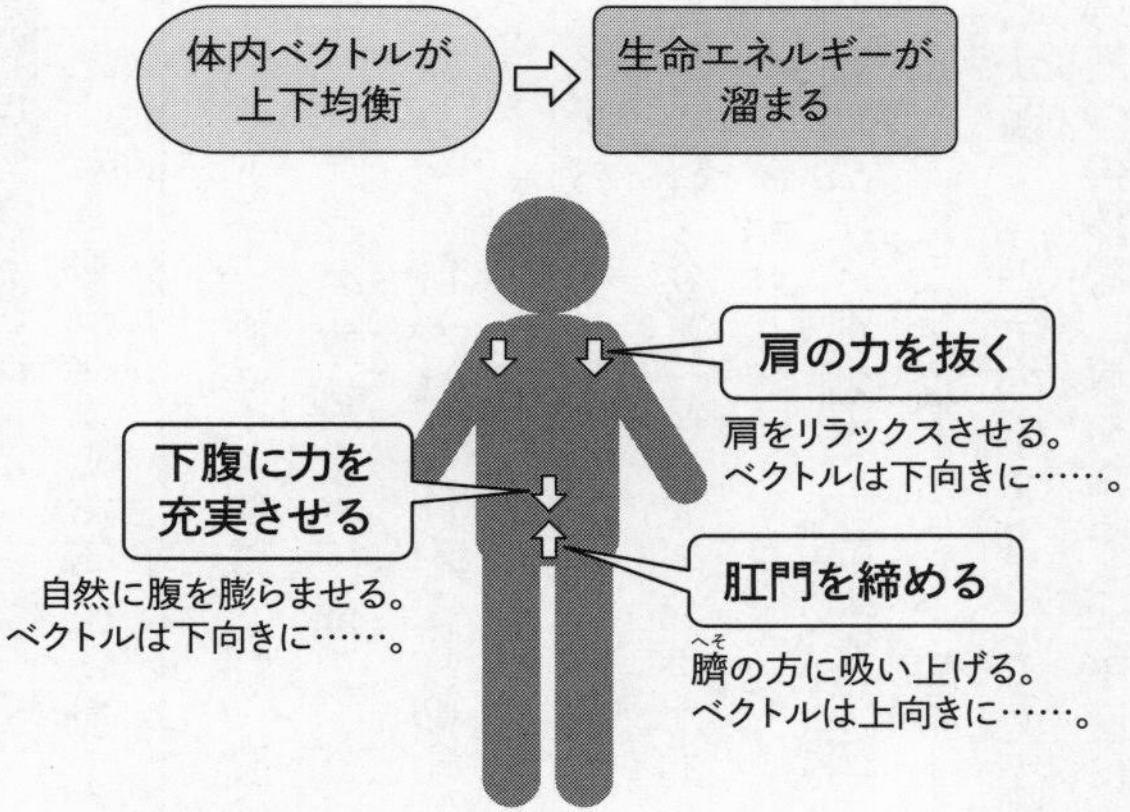
体内ベクトルが上下均衡
生命エネルギーが溜まる
肩の力を抜く
肩をリラックスさせる。
ベクトルは下向きに……。
下腹に力を充実させる
自然に腹を膨らませる。
ベクトルは下向きに……。
肛門を締める
臍《へそ》の方に吸い上げる。
ベクトルは上向きに……。

人間は、心身に刺激を受けると、神経系統に反射的な反応を起こしやすい。たとえば、病院や健診で血圧を測るとき、心理的な緊張によって血管が収縮し、血圧が上がることがある。このような現象を、天風は神経反射と呼んだ。

クンバハカ法は、神経反射を調節する。突然の大きな物音や、外気の急激な温度変化は、心身にショックを与える。こうしたショックを緩和するのに、クンバハカ法は欠かせない。

クンバハカとは、外界からの刺激に乱されない体勢であり、天風は「神聖なる状態」と呼んだ。

思想42 養動法《ようどうほう》

静動安坐法とも言い、〝動〟から〝静〟へと転換する方法。

天風の言葉

静座して、両手を組み、軽く股の上に置き、瞑目の上、自己調和法（クンバハカ法）の体勢を行いながら、徐《おもむ》ろに頭部で、平仮名の「の」字を書く気分で、静かに上体を、揺動する。

『真人生の探究』

クンバハカ法（思想41）を応用したものに、①養動法、②深呼吸法（思想43）、③活力移送法（思想44）がある。これらは、天風が主著『真人生の探究』のなかで紹介しているものだ。

養動法は、別名を「静動安坐法《せいどうあんざほう》」ともいう。やり方は、次の通り。

安定打坐《あんじょうだざ》の姿勢になり、静坐する。両手を軽く組んで股の上あたりに置く。臍《へそ》か頭で「の」の字を書くように腰を右回りに動かす。このとき、クンバハカの三つの体勢（肩を下ろし、下腹に力を込め、肛門を締める）を忘れないこと。

◎養動法をおこなうと、自分の姿勢の良くないところが意識化される。たとえ

養動法の仕方

①安定打坐の姿勢になる。

②臍（または頭）で「の」の字を書くように、腰を右回りに動かす。

③動かし方は小さくても大きくてもかまわない。しだいに自分のリズムがつかめてくる。

④軽くクンバハカをする。

ば、養動法をやって膝頭《ひざがしら》に痛みが発生した人は、体の重心が前方にある。また、足先に痛みが発生した人は、重心が後方にある。

◎養動法は〝動〟から〝静〟へと心身を転じさせる。動とは、忙しく体を動かしているだけではない。精神の異常興奮も〝動〟である。そんなとき、養動法をおこなうと、心は次第に落ち着いていく。

◎安定打坐法（思想46）の前に養動法をおこなって、〝動〟から〝静〟へ心を切り替えると、効果的に安定打坐法を実践できる。

思想43 深呼吸法

吐いてから吸う天風式呼吸法で、大気中の〝活力〟を吸収する。

天風の言葉

活力の増進を完全にする。（中略）それは簡単にいうと、この自己調和法（クンバハカ法）の肉体処置の体勢で深呼吸を行うことに依《よ》って、その目的が達せられる。

『真人生の探究』

別名、「活力吸収法」という。人間の生命に最も必要なものは、空気中の〝活力〟である。普段、我々がおこなっている呼吸は浅い。浅いとは、肺の上部だけで呼吸しているということだ。こんな呼吸では、活力を吸収できない。

そこで、クンバハカ（右の天風の言葉では〝自己調和法〟）を交えて深呼吸する。まず、息を吐き出す。吐き切ると、クンバハカ。次に、口から空気を吸い、吸いきったところでクンバハカ。そして鼻から息を吐く。これを一回につき、三～五呼吸おこなう。こうした深呼吸法をおこなう前に唱える誦句がある。「活力吸収法《プラナヤマ》の誦句」（『天風誦句集（一）』）である。

思想44

活力移送法

活力を送りたい部位に集中し、活力を送り込むイメージ法。

天風の言葉

活力を移送しようと思う局所を、心に強烈に思念し、同時に、徐《おも》ろに吸息しながらその吸息と共にその局所に、空気中の活力が流入するという想定観念を、強烈に心に抱かしめる。

『真人生の探究』

体のどこかの部位（病巣《びょうそう》や痛みがある部分など）に〝活力〟を送り込むというイメージ法。やり方は、次の通り。

まず息を吐き、次に深く吸う。クンバハカ体勢（肩を下ろし、下腹に力を込め、肛門を締める）になり、吸った息（活力）がその部位に流入していくとイメージする。このように、自分に対しておこなう。

幼い子どもに対しては、親が活力移送法をおこなうことができる。子どもの肩に手をかけ、「元気を送ってあげるからね」と、じっと眉間を見て、そこにフッと息（活力）を吹きつける。

思想45

意志力

意志を煥発《かんぱつ》することで顕れる力。感情を統制する力。

天風の言葉

怒っちゃいけないときに怒っちゃったり、悲観しちゃいけないというときに悲観したり、心配しちゃいけないと思うときに心配したりするのは、意志の力（意志力）がこれをコントロールしないからなんです。

『心に成功の炎を』

意志だけが、心を完全にコントロールする力を持っている。

では、理性はどうか。西洋哲学や科学の影響によって、理性を最高の能力だととらえる人が多い。しかし、理性では感情をコントロールしきれない。

これに対して、意志力は、霊魂から顕現する。霊魂から発する心は霊性心であるが、意志力は霊性心のなかでも最も高度な力だ。天風は、「意志というものは、人間の心のなかの最高級な霊性心をすらその支配の下に従えているという、絶対的な権能がある」（『成功の実現』）

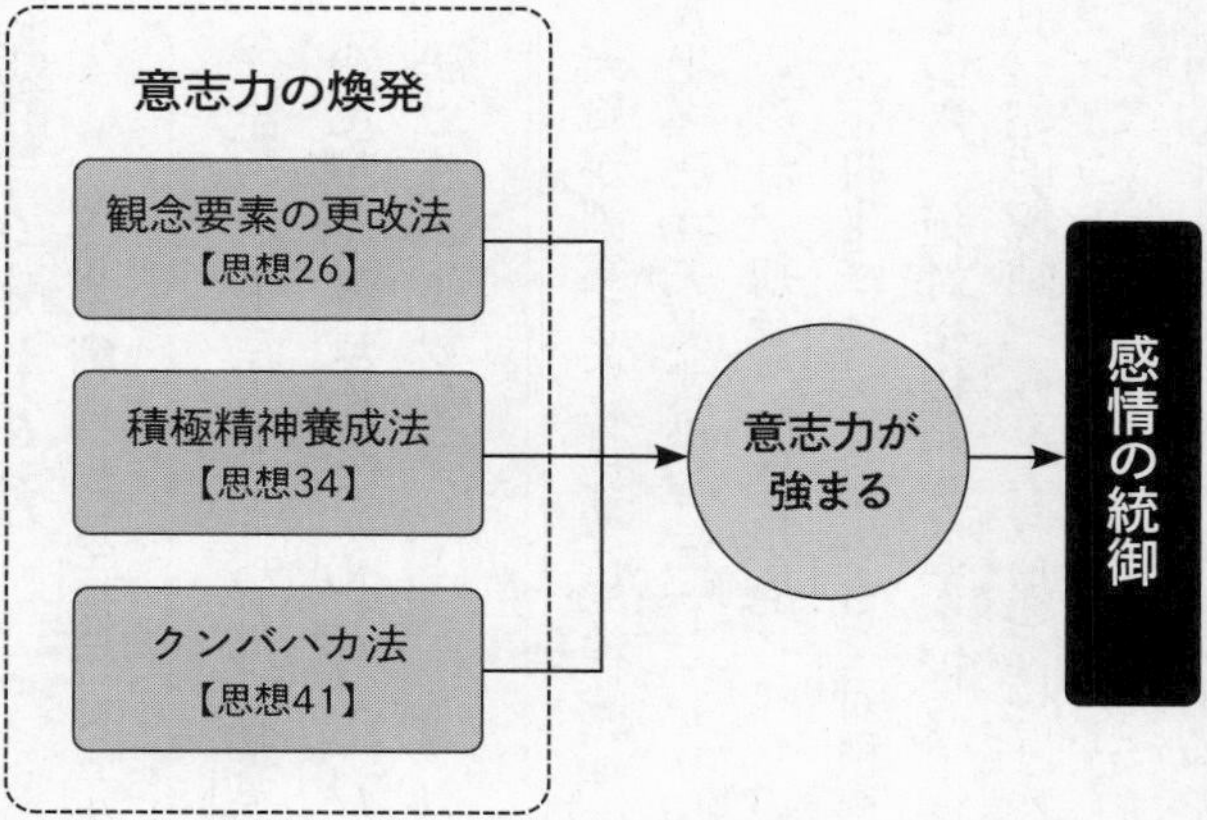
意志力の煥発
観念要素の更改法
【思想26】
積極精神養成法
【思想34】
クンバハカ法
【思想41】
意志力が強まる
感情の統御

と言う。しかし、煥発（火が燃えでるように、外面に輝き現れること）しないと意志力はうずもれたままだ。意志の力が弱る原因は、次の通り。

①潜在意識のなかに、消極的な観念要素が溜まっている。

②日々の精神生活態度が消極的で、マイナス思考をする。

③感情や感覚のショックで神経系統に悪い影響が与えられている。

では、どうすればいいのか。①には、観念要素の更改法、②には、積極精神養成法、③には、クンバハカ法が対処法となる。これら三つの方法を日々おこなうことで、意志力は煥発される。

思想46 安定打坐法《あんじょうだざほう》

天風が創案した坐禅法。日常生活を「絶対積極」で過ごすための修行法。

天風の言葉

安定打坐密法なるものは、常住《じょうじゅう》この「順動仮我《じゅんどうかが》の境」に活きるべくその心境を錬成するために、しばしばこの有意実我の境地に達入する方法にほかならない。

『安定打坐考抄』

天風が創案した特殊な坐禅法。「安定打坐密法」とも。また、別名を「ヨーガ式坐禅法」「天風式坐禅法」という。右の天風の言葉には、この坐禅法が語られているが、独特な用語が混じっていて分かりにくい。大意を示しておこう。

「安定打坐法とは、いつも絶対積極の境地（順動仮我境《じゅんどうかがきょう》）で日常を送るためのものだ。絶対積極へと心を練り上げるために、何度も坐禅中に無我無念に至り、霊的境地（有意実我境《ゆういじつがきょう》）に達入する方法にほかならない」

ここに説かれているのは、安定打坐法の目的と方法である。

◎目的――絶対積極の境地（あるいは、無念の境地）で日常生活を送る。

◎方法――坐禅をして無我無念に至り、霊的境地（有意実我境）に達入する。
まず、坐禅の姿勢になる。背筋を立て、肩の力が抜けて下がっている形が、楽で長続きする姿勢である。

安定打坐法の特徴は、坐禅中に、ブザーの音が流されることだ。音は強く十数秒間鳴り響く。このブザーの音に集中していると、意識は〝一念〟となる。そして、音が途絶えた一瞬だけ〝無念〟が味わえる。

具体的には、次の経過をたどっていく。
①有我一念《ゆうがいちねん》（思想48）――ブザーの音を聞こうと意識的に努力する。この意識が有我（我の意識あり）である。やがて、音以外の雑念や妄念は消え去り、散漫であった意識は集中して、音だけが意識される状態（一念）となる。
②無我一念《むがいちねん》（思想49）――ブザーの音に聞き入っているうちに、聞こうとする努力意識が薄れていく。しかし、音だけが依然としてある。ただ、音があるだけ。このとき、音への集中が強ければ強いほど、音になりきることができる。
③無我無念《むがむねん》（思想50）――突如、ブザーの音が途絶える。音になりきっていた意識は拠り所を失って〝無〟になる。その瞬間、八面玲瓏《はちめんれいろう》の心境に置かれる。

八面玲瓏とは、どの方向から見ても透き通り、心に曇りがないという状態。この境地は、ブザーの音が断ち消えた一瞬にしか味わえない。では、この一瞬において、何が発生したのか。現象界に生きている我《われ》が、その瞬間において、霊的境地（有意実我境）に達入している。言い換えれば、無我無念の一瞬において、仮我《かが》（現象界の我）と実我《じつが》（霊的本我）の接触が起こる（思想51）。天風は、「有意実我境に心が没入することによって、この雑念、妄念がいつとはなしに払いのけられる人間になる」（『盛大な人生』）と語っている。雑念、妄念がいつとはなしに払いのけられる人間とは、無念の境地にある人間ということだ。

図は、安定打坐法をおこなうことで、日常生活がどう変化するかを表したものである。やる前は、感情にふり回されていた日々が、やり続けると無念の境地に至り、感情にふり回されることがない日常を獲得できる。

ついでながら、安定打坐法の「打坐」は、禅宗では「たざ」と読むが、天風は「だざ」と発音した。また、安定打坐法を瞑想法だと誤解している人がいるが、そうではないことに注意してほしい（生涯21）。

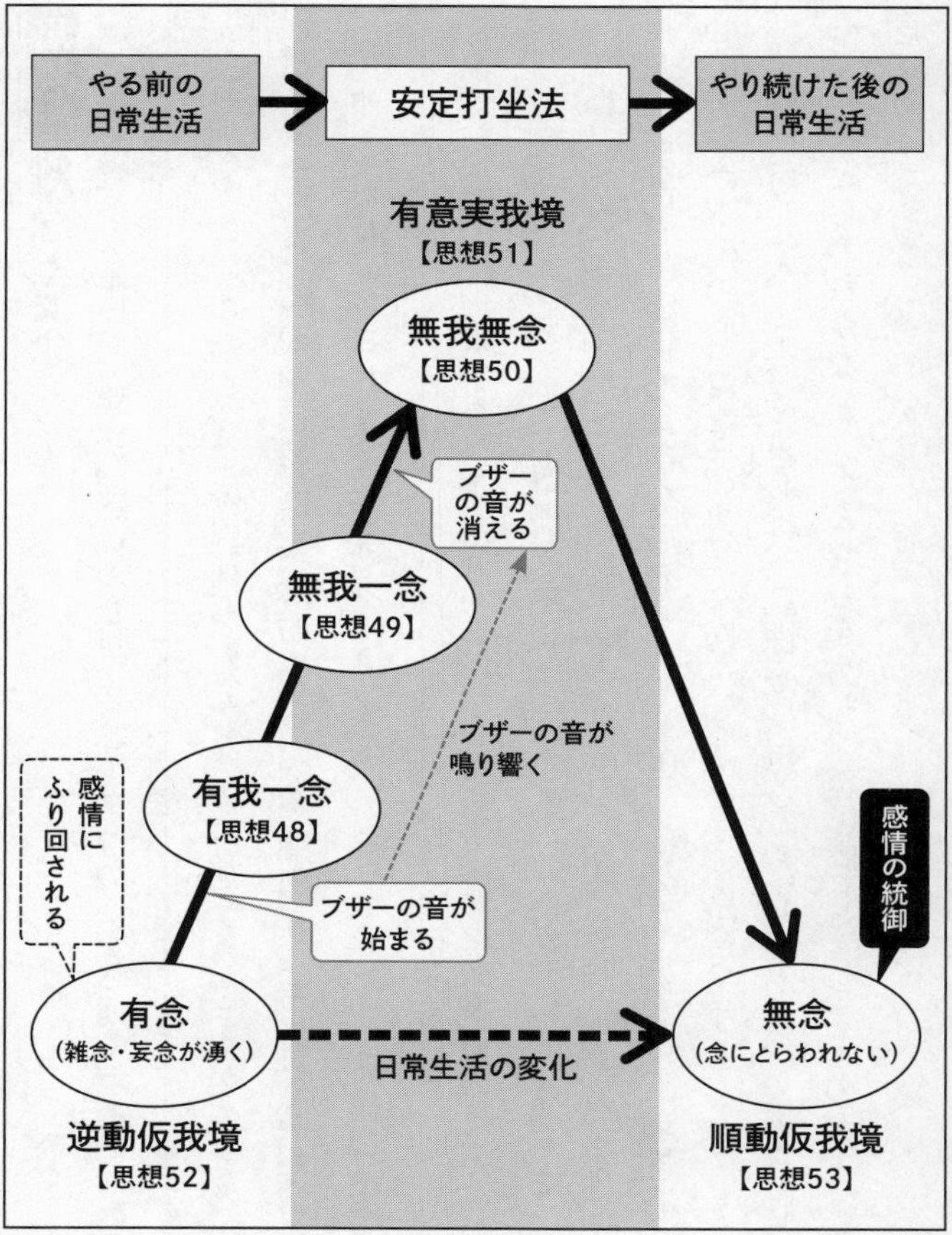

安定打坐法の効果は、無念（雑念や妄念にふり回されない絶対積極の境地）へと日常生活が変化すること。

思想47
雑念・妄念

雑多な思いが〝雑念〟。迷いの心が〝妄念〟。下位の心から湧く消極的な観念。

天風の言葉

真理の中にいながら、この真理をなかなか自覚することができないのは、要するに心の中に雑念妄念があるためであり、本当に心が清い状態であれば、真理はすぐに発見できる。

『運命を拓く』

雑念とは、精神集中をさまたげ、清い心を覆《おお》う雑多な思いのこと。妄念とは、迷いの心である。心に雑念や妄念が湧くと、消極の度合いを深める。

では、雑念や妄念はどこから湧くのか。心は、物質心、植物心、本能心（動物心）、理性心、霊性心に区分される（思想07）。雑念や妄念は、理性心や本能心といった下位の心（霊性から見て下位にある心）から発生する。

これに対して、本心や良心は、霊性心に根ざした心である。本来の心（霊性心）にはとらわれがない。そんな心を汚し、覆い隠してしまうのが、雑念や妄念にほかならない。

思想48

有我一念《ゆうがいちねん》

心に「一」を持ち込み、意識の集中がはかられた状態。

天風の言葉

水の流れるようなブザーの音が聞こえてきます。このブザーの音に嫌でも心が引きいれられる。この引きいれられてる時が有我一念だ。

『盛大な人生』

有我一念とは、我の意識があり、念が一つになること。一念の「一」とは、「多（多念）」を集約する「一」である。つまり、雑念だらけの意識状態から、精神集中した状態へと移行させることである。

安定打坐法《あんじょうだざほう》では、ブザーの強い音を流す（思想46）。ブザーの音は、心に湧き上がった雑念や妄念を、そのうえから地ならししていく。たとえば青いペンキでべったりと塗りつぶしていくようなものだ。心は、青一色に染まる。この「青」に意識を集中し、みずからが青になりきろうと努力することが、有我一念のイメージである。

思想49

無《む》我《が》一《いち》念《ねん》

「一」に集中して雑念や妄念を払い、小我を脱すること。

天風の言葉

無我一念の境地に没入し得るがゆえに結局は小我を解脱し、容易に真我の光を燦然《さんぜん》として輝かす事が出来るようになる。

『安定打坐考抄』

無我一念には、二つの意味がある。

◎安定《あんじょう》打《だ》坐《ざ》法《ほう》における「無我一念」——我《われ》(自分)の意識が消え、念が一つになること。安定打坐をおこない、ブザーの音に聞き入っているうちに、聞こうとする努力意識が薄れていく。次第に〝聞く〟という意識がなくなっていくものの、依然として音だけがある。耳の意識は働いているが、当人には耳の意識は自覚されない。ただ、音があるだけ。このとき、音への集中が強ければ強いほど、音になりきり、純粋な「一」となる。

安定打坐法における無我一念とは、有我一念→無我一念→無我無念という連続した意識の高まりへの一過程である。

◎一念法における「無我一念」——単に「一念法」と言うことが多い。あるいは、「無我一念法」と呼ぶこともある。

一念法とは、意識を「一」に集中して雑念や妄念を払い、小我を脱する方法。「一」とは、聴覚を用いた音への集中、視覚を用いた物の姿への集中など。ほかにも、呼吸という「一」に集中して雑念や妄念を払う数息観《すうそくかん》、「南無阿弥陀仏《なむあみだぶつ》」と弥陀の名号を一心に唱える唱誦法《しょうじゅほう》も、一念法に加えてよい。

一念法によって、認識力が磨かれる（生涯33）。やり方は、次の通り。何か身近にある物を凝視する（物体凝視）。次に目を閉じて、その物の姿を眼底に浮かべる（イメージ化）。ありありと浮かぶようになるまで、物体凝視とイメージ化をくり返していく。これを一念同化という。

一念同化ができるようになると、心眼が開ける、と天風は教える。この境地に至ると、心の鏡に付着した雑念や妄念にとらわれなくなる。小我（自分にとらわれた狭い我）を脱することができる。小我を脱することが、無我である。

右の天風の言葉は、一念法について語ったものだ。

思想50

無我無念《むがむねん》

安定打坐法で達入する最高の境地。小我を解脱し、感情を制御する。

天風の言葉

無我無念に到入するにはその連絡段階として有我一念の心境から無我一念の心境にしばしば達入する修行をする事が最も当を得たる捷《しょう》径《けい》なのである。

『安定打坐考抄』

安定打坐法《あんじょうだざほう》によって達する最高の境地が、無我無念である。自分の意識が消え、思い（念）がないこと。あるいは、我執《がしゅう》がなく雑念がないこと。

同義語として、天風は、「無念無想」をよく用いている。が、安定打坐法におけ る意識の高まりのステップ（①有我一念→②無我一念→③無我無念）のうえでは、無我無念の用語がふさわしいだろう。

ところで、無我無念の〝無我〟には、二つの意味がある。

◎自分の意識がないという〝無我〟――安定打坐の最中で鳴らされるブザーの音に集中していると、次第に自分の意識が薄れていく。と同時に、音だけが

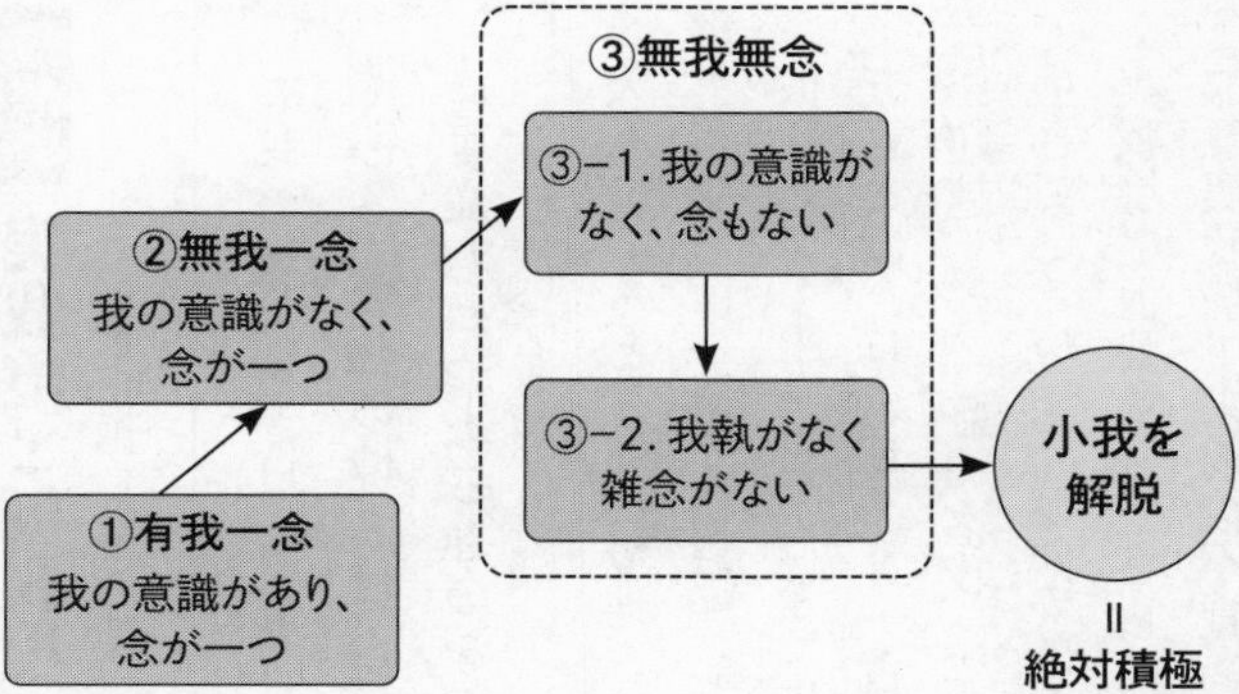

安定打坐法で何度も無我無念に達すると、次第に我執がないという日常の心境に達することができる。

あるという状態になる。これが、自分の意識がなくなるという〝無我〟である。このときの無我無念とは「我の意識がなく、念もない」（③-1）という状態のこと。

◎我執がないという〝無我〟――一念法における〝無我〟と同じ意味で、小我を解脱すること（思想49）。このとき、さまざまなとらわれから脱して、大いなる生命（宇宙霊）と通じることができる。安定打坐法を継続してやり続けると、〝無我〟に達しうる。このときの無我無念とは「我執がなく雑念がない」（③-2）ということであり、この境地が絶対積極である。

思想51
実我境《じつがきょう》と仮我境《かがきょう》
五官を超越した境地の〝実我境〟。五官をもって生活している〝仮我境〟。

天風の言葉

実我の境とは、曰《いわ》く「五官」の感覚を超越した所謂《いわゆる》本体の生を謂《い》うのである。仮我の境とは、曰く「五官」の感覚に浴染して仮相《かそう》の現象の生に盲従しつつあるものを謂う。

『安定打坐考抄』

天風によると、境《きょう》（境地）には実我境と仮我境の二つがある。

◎実我境《じつがきょう》――五官を超越した境地。

◎仮我境《かがきょう》――五官をもって生活している、現象界での境地。

五官とは、目・耳・鼻・舌・皮膚という肉体の感覚器官のこと。実我は、五官を超越した「霊的本我」である。これに対して、仮我は、この世（現象界）で生きている仮相（仮の姿）の我のこと。

実我境と仮我境は、さらに分化して、図のように四つの境地となる。

①無意実我境――前後不覚に眠ったり、気絶している状態。

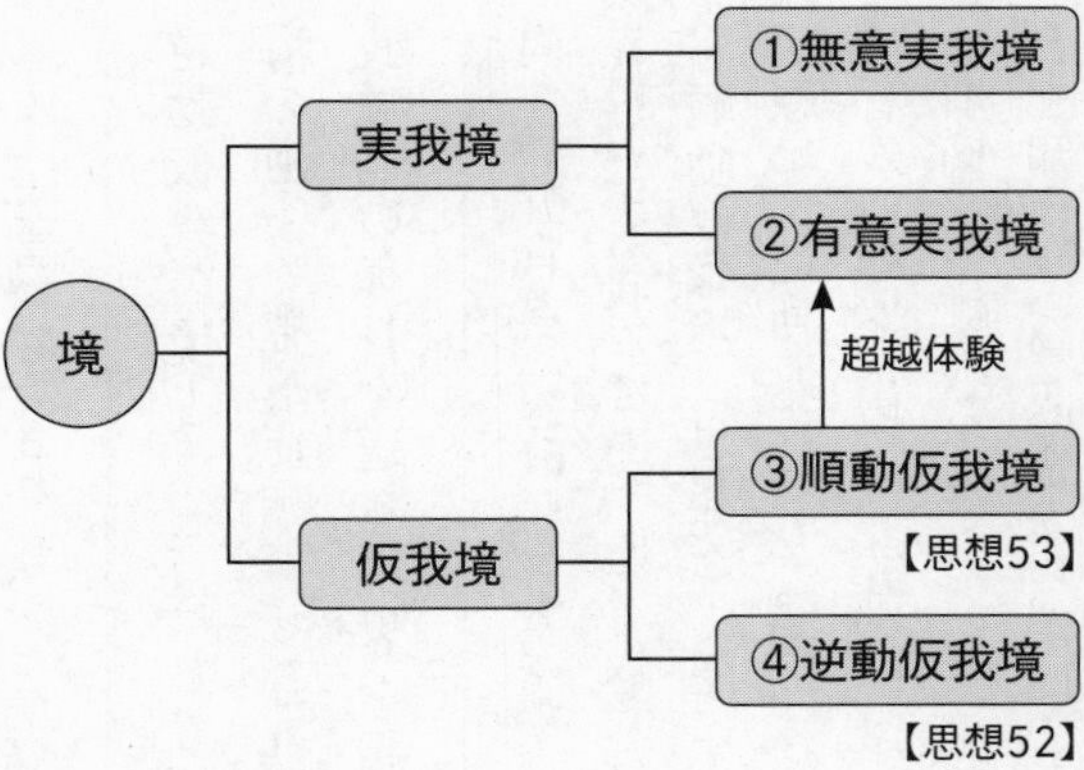

②有意実我境——いっさいの感覚を超越し、純粋な心だけが肉体と精神を支配している状態。霊的境地。

③順動仮我境《じゅんどうかがきょう》——五官に翻弄されない生き方をしている状態。

④逆動仮我境《ぎゃくどうかがきょう》——五官に翻弄され、ふり回されている状態。

天風哲学が理想とするのは、③順動仮我境（絶対積極）で生きることである。では、③の境地で日々を送るには、どうすればいいのか。安定打坐法をおこなって無我無念に至り、一瞬であっても、②有意実我境に達入するという超越体験をすることだ（思想46）。

思想52

逆動仮我境《ぎゃくどうかがきょう》

五官に翻弄され、執着と煩悩が発生した状態。

天風の言葉

逆動仮我の境とは、一言して謂《い》えば執着煩悩の状態で即ち人生の荒海の逆まく荒浪に翻弄《ほんろう》せられ常住《じょうじゅう》不平不満の心を発生し、（中略）凡我煩悩の毎日を送る境界《きょうがい》を謂う。

『安定打坐考抄』

肉体の五官（思想51）をもってこの世（現象界）を生きているのが、仮我《かが》（現象界における我）であった。仮我は二つに分かれる。五官に翻弄されない状態を、順動仮我境《じゅんどうかがきょう》（思想53）。逆に、五官にふり回されて煩悩の日々を送っている状態を、逆動仮我境《ぎゃくどうかがきょう》という。

後者の逆動仮我境は、五官にふり回されているので感情が支配的になり、執着や煩悩から離れられず、たえず不平不満を口にし、私利私欲にかられて足ることを知らない。心を安らかにできない状態だ。この状態において、なんとか消極に打ち克《か》とうとする積極への試みが、相対積極（思想18）である。

思想53

順動仮我境《じゅんどうかがきょう》

五官を支配し理想の人生を送る、絶対積極の境地。

天風の言葉

順動の仮我《かが》の境とは如何《いか》なるものかと云うに、明澄透徹《めいちょうとうてつ》せる、明瞭なる意識をもって五官を支配し、(中略)極めて積極的楽観念をもって、大定安立この世に処し得る状態をいう。

『安定打坐考抄』

天風哲学が理想とする生き方は、この世（現象界）の荒波にあっても、五官（思想51）にとらわれず、感情にふり回されない人生である。この境地を順動《じゅんどう》仮我境《かがきょう》という。あるいは、絶対積極と言い換えてもいい。

順動仮我境にあるとき、人は、明瞭な意識で五官を支配している。怒りや怖れや悲しみといった感情にふり回されることがない。心のレベルで言えば、本能心や理性心をコントロールし、霊性心が主体になっている。この境地では、生命力が充ち溢《み》《あふ》れ、理想の人生（思想12）を謳歌できる。そんな躍動感がある生き方が、活潑々地《かっぱつぱっち》（思想21）である。

思想54

心鏡払拭《しんきょうふっしょく》

心の鏡に付着した埃や汚れを払拭して、心をきれいにすること。

天風の言葉

心の中に否定も肯定もなかったら心はきれいになる。否定も肯定もない心を虚心平気《きょしんへいき》と言うんだ。黙っていても、心鏡は払拭されてるんだよ。

『信念の奇跡』

心を鏡にたとえ、この鏡に付着した埃《ほこり》や汚れを払拭することを、心鏡払拭《しんきょうふっしょく》という。埃や汚れとは、雑念や妄念のこと。これらが付着すると、心にとらわれが発生し、煩悩《ぼんのう》が渦巻く。日々、払拭することが求められる。天風は、

「心鏡の払拭を蔑《ないがし》ろにすると、心が常に感情の奴隷になってしまって、克己《こっき》心《しん》も忍耐力も全く無になって、ちょっとしたことにも、すぐカーッと上ずってしまう」（『真理のひびき』）

と、警告している。

では、心鏡払拭とは、具体的にどうすることか。観念要素の更改法、積極精

神養成法、クンバハカ法、安定打坐法《あんじょうだざほう》によって、雑念や妄念を払うことである。この方法は、行入《ぎょうにゅう》（思想67）に位置づけられる。

おそらく、心鏡払拭は天風の造語であろう。もとになったのは、中国唐代の神秀《じんしゅう》（?～706）の詩だと推測される。

神秀は、北宗禅《ほくしゅうぜん》の祖となった人物である。その禅風は漸悟《ぜんご》（思想69）であり、彼は修行時代に、師の求めに応じて次の詩を作って漸悟を主張した。

身はこれ菩提《ぼだい》の樹　心は明鏡《めいきょう》の台《うてな》の如《ごと》し
時時《じじ》に勤めて払拭《ほっしき》して　塵埃《じんあい》をして惹かしむること勿《なか》れ

大意——体は悟りの樹のようだ。心は清浄で澄んだ鏡の台のようだ。だから、つねに払ったり拭いたりして怠りなく磨いて、煩悩《ぼんのう》の塵《ちり》や埃をつけてはならない、ということである。

天風は、この詩を一言集約して、心鏡払拭と呼んだのであろう。「真人たらん者は、常住心鏡の払拭《ふっしょく》を心に心して怠るべからず」（同書）と語る。人間には、ともすれば我執が発生する。だから、朝から晩まで油断なく修行して、心の鏡に付着した雑念や妄念の払拭を怠ってはならないということだ。

思想55

真理瞑想行《しんりめいそうぎょう》

天風が語る「真理の言葉」によって、パッと真理を悟る瞑想法。

天風の言葉

安定打坐法《あんじょうだざほう》を行わせしめて、心の中の雑念妄念を取り除いた、この現在のようなきれいな気持ちになっているときに、直接に私の悟った真理をあなた方の魂につぎ込もうというのがこの真理瞑想行の計画であります。

『力の結晶』

安定打坐をおこなって霊性意識（思想07）を顕現し、天風が語る「真理の言葉」を素直に受け取って悟る方法。別名、天風式瞑想行という。現在、「真理の言葉」は文字起こしされ、『運命を拓く』『力の結晶』に収録されている（「真理の言葉」の記録を、前者は「天風瞑想録」、後者は「真理瞑想録」と呼んでいる）。

真理瞑想行をおこなうには、前提がある。雑念や妄念を払って、心をきれいにすること。つまり、霊性意識を顕現することだ。天風は、「真理を受け入れるときの心の態度が、悟りを開く上に密接な関係があるから

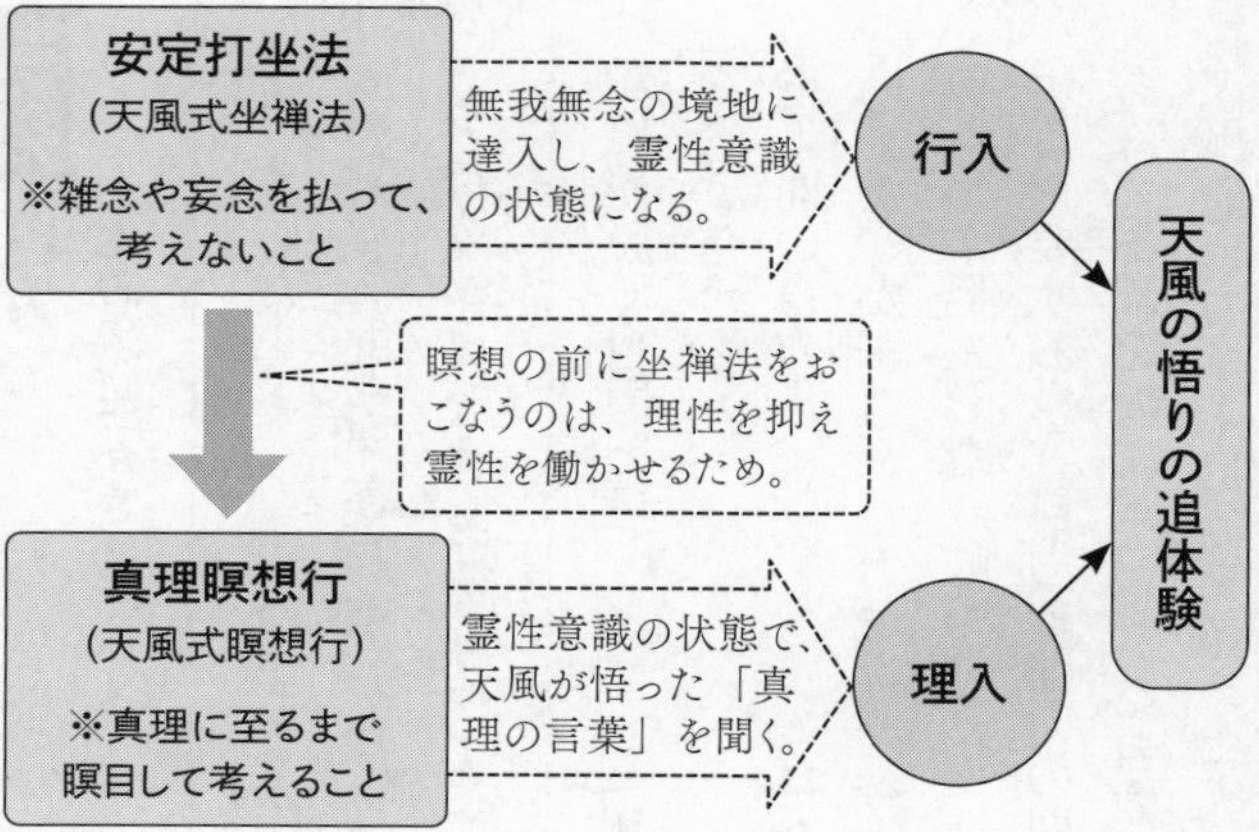
安定打坐法
（天風式坐禅法）
※雑念や妄念を払って、考えないこと
無我無念の境地に達入し、霊性意識の状態になる。
行入
瞑想の前に坐禅法をおこなうのは、理性を抑え霊性を働かせるため。
真理瞑想行
（天風式瞑想行）
※真理に至るまで瞑目して考えること
霊性意識の状態で、天風が悟った「真理の言葉」を聞く。
理入
天風の悟りの追体験

こそ、安定打坐で心をきれいにさせている」（『運命を拓く』）

と語る。きれいな心になったとき、本心や良心が煥発《かんぱつ》される。と同時に、批判的精神である理性心は抑制される。この状態で、天風が語る「真理の言葉」を受け取ると、本心や良心と感応して、みずから悟ることができる。霊性心が悟りを歓迎するのだ。ここに、真理瞑想行の能動性がある。

この方法を理入《りにゅう》（思想66）と呼ぶ。理入に相当するのは、真理瞑想行だけ。図のように、真理瞑想行を実践することは、理入のルートから天風の悟りを追体験することにつながる。

思想56 自力

他力に〝生かされている〟ことを悟り、そのうえで〝生きる〟こと。

天風の言葉

「生まれたとき、この命のなかにいろいろと大きな力をお与えくださってありがとう存じました」と、これだけのことよ。後はもらった力で、自分が自分自身を守っていけばいいだけなんだ。

『成功の実現』

天風が説く自力とは、どういう意味か。それは、俗世間で言われている自力とどこが違うのか。

◎俗世間の自力――みずからのはからいによって〝生きる〟こと。肉体の力といった、かぎられた力で自助努力すること。しかし、かぎられた力なので、何か事が発生したり岐路に立たされると、すぐに神仏にすがったり願ったりする。要するに、自力と他力の間を揺れ動いている、頼りにならない自力である。これを仮に、〝小さな自力〟と呼ぶ。

◎天風の自力――自分を超えた大いなるもの（神仏や宇宙霊といった他力）に

〝生かされている〟ことを悟り、そのうえで〝生きる〟という一歩を踏み出すこと。つまり、肉体が持っている力がすべてではなく、宇宙霊（神仏）から注がれた力と、潜在的に具《そな》わった大きな力（潜勢力《せんせいりょく》）を味方につけて自助努力すること。いわば、〝大きな自力〟である。

以上を踏まえたうえで、天風は次のように言う。

「天風哲学に目ざめたら、もう救われようとか、助かろうとか、神や仏を祈る必要は何にもない」（『成功の実現』）

この言葉だけを切り取ると、誤解されそうだが、真意はこうだ。

「天風哲学（心身統一法）に目覚めたら、神仏にすがる必要はない。なぜなら、自力で生きる術《すべ》＝心身統一法を知ったからだ。この方法を実践すれば、潜勢力が発揮され、宇宙エネルギーがたっぷり注がれる。つまり、肉体の力を超えた、これらのエネルギーを味方につけて、健康を実現し、運命を拓くことができる。人は、すでに自力で生きる力を神仏から与えられているのだ。潜勢力も宇宙エネルギーも神仏からのギフトである。そのことに感謝こそすれ、さらに〝何とかしてくれ〟と神仏にすがるのは、逆に神仏への冒瀆《ぼうとく》だろう」

天風哲学とは生命の哲学である。天風哲学が対象にしている生命は、

◎生かす生命（宇宙霊）

◎生きる生命（人間生命）

という二つの生命が、「生命の法則」によって統合されたものだ。それはまた、

◎他力──生かす力（大いなる生命が森羅万象《しんらばんしょう》を生かしている）

◎自力──生きる力（生命の法則にしたがって、自己を力強く生かす）

の統合でもある。まとめると、天風哲学は、大いなる生命（他力）から生きる力を授かって、自力で生き抜くという積極哲学にほかならない。

天風が大きな自力を悟ったのは、ヨーガの里での修行によってだ。それまでの天風は、小さな自力で生きていた。とは言え、みずからの力を頼りに、自力を徹底したところは常人を超えている。ところが、若くして肺結核を患った天風は、病床のなかで心の弱さを自覚する。この問題に立ち向かおうと欧米に渡って求道の旅を続け、やがてカリアッパ師と邂逅《かいこう》。ヨーガの里で開いた霊性意識によって他力に目覚めると同時に、大きな自力を悟る。このように天風の生涯は、「小さな自力↓他力の目覚め↓大きな自力」へとスパイラル状に展開した。

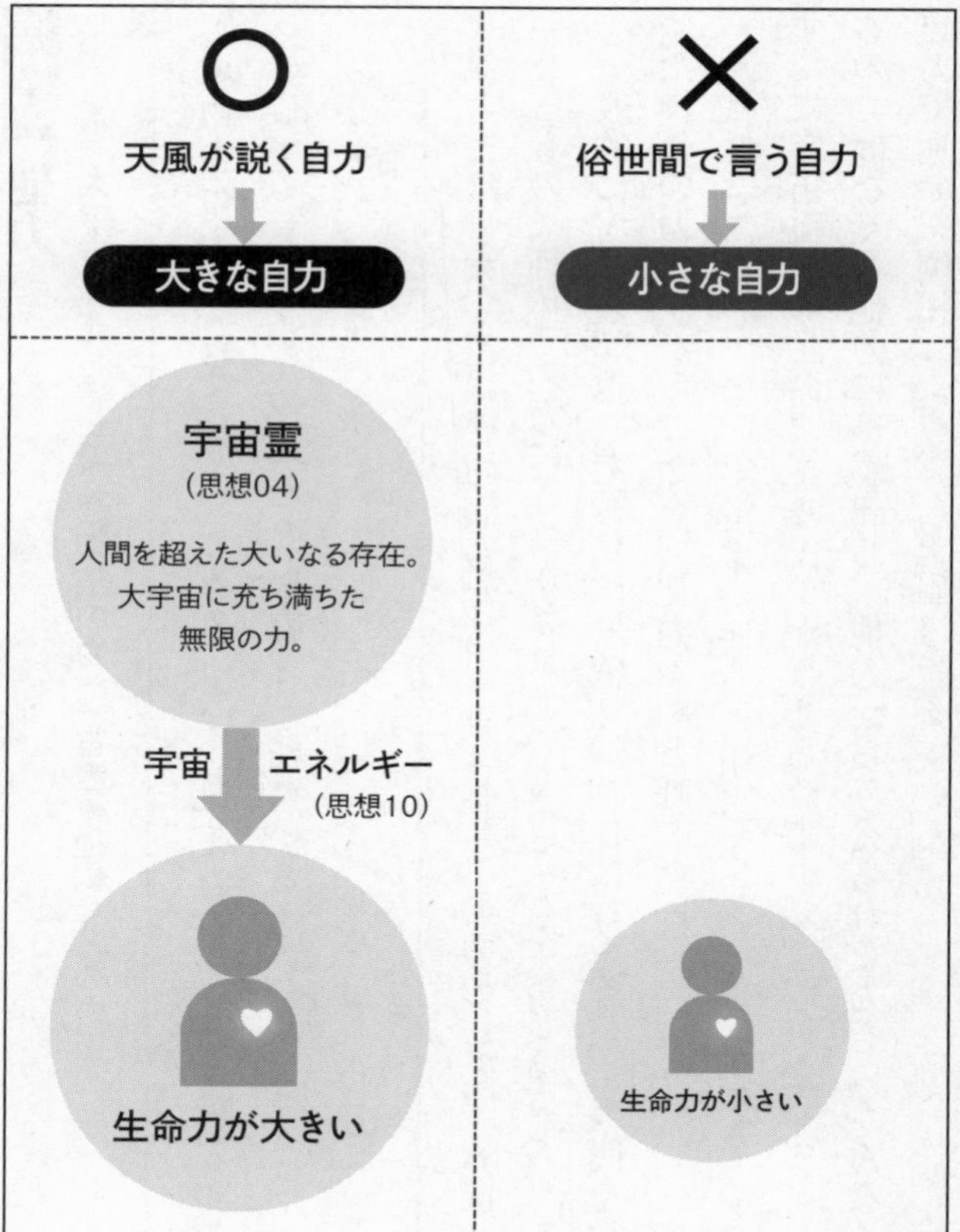
○
天風が説く自力
大きな自力
宇宙霊
(思想04)
人間を超えた大いなる存在。
大宇宙に充ち満ちた
無限の力。
宇宙エネルギー
(思想10)
生命力が大きい
×
俗世間で言う自力
小さな自力
生命力が小さい

大いなるものに“生かされている”という他力を悟り、そのうえで“生きる”という一歩を踏み出すこと。

みずからのはからいで“生きる”こと。肉体の力で頑張るが、困ると他力に頼る。

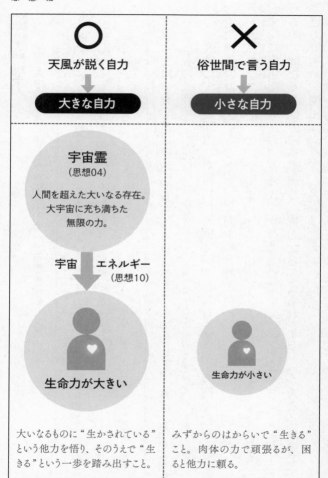

思想57

他力

大宇宙に充ち満ちた造物主の力（宇宙霊や神仏などの力）。

天風の言葉

造物主《ぞうぶつしゅ》の力も、見えない力なんです。見えない力なものだから、自分がしょっちゅうその見えない力と一緒にいるということを忘れちまうんです。

『盛大な人生』

他力とは、大宇宙に充ち満ちた造物主（神仏）の力のこと。人間を超えた大いなるもの（神仏）の力に〝生かされている〟ことを信じること。

一般的に、この超越した神仏に帰依《きえ》し、神仏に身を委ね、人間を救おうと誓った神仏の力にすがることを、他力本願と呼ぶ。

天風哲学においては、宇宙霊が他力に相当する。人は宇宙霊とともにあり、すでに宇宙霊から生命エネルギーが与えられている。したがって、これ以上頼るのではなく、他力には感謝し、他力から与えられた力をいかんなく発揮して自力で運命を開拓しよう、と天風は教えている。

思想58 感謝

当たり前でないことを悟って発する「有り難《あ がた》い」という気持ち。

天風の言葉

感謝に値するものがないのではない。感謝に値するものに気がつかないでいるのだ。

『運命を拓く』

当たり前だと思うところに感謝はない。当たり前だと思っていたことが、当たり前ではないと感じたとき、自然に感謝の言葉が出る。

睡眠から目覚めると、天風はいつも、「ありがとうございます」と感謝の言葉を口にした。なぜ目覚めたことに感謝したのか。「あなた方は生きているのが当たり前だ、目をさますのが当たり前だ、とこうなるんだ。当たり前じゃありませんよ」(『成功の実現』)と語る。軍事探偵となって死線を経験したからこそ、生きていることは当たり前ではなかった。目を覚ませば生きているという事実は、「有り難い(有ることが難しい)」ことだったのだろう。

思想59

宿命

変えることができる相対的な運命。積極心によって統制することができる。

天風の言葉

多くの人が苦しみ悩む、いわゆる運命は「宿命」なんだ。宿命というのは、逃れあたうもの。絶対的でない、相対的なものなんだ。

『盛大な人生』

人間の力で乗り越えていける運命を、宿命という。

天風は、運命を二つに分けた。天命と宿命である。このうち、人間の力では変えられない絶対的な運命を「天命」（思想60）と呼んだ。これに対して、人間の力で変えられる運命、乗り越えていける相対的な運命が「宿命」である。運命のほとんどは宿命なので、単に「運命」と表記されることがある。

では、宿命にはどう対処すべきか。天風は、統制することだと教える。人は積極的に生きるとき、建設の作用が働く。この働きによって宿命を好転させ、よい人生を建設することができるのだ。

思想60 天命

人間の力ではどうにもならない絶対的な運命。安住することが対処法。

天風の言葉

かわしきれない運命は「天命」という。絶対的なもので、これは人力をもっていかんともすべからざるもの。

『盛大な人生』

人間の力ではどうにもならない絶対的な運命が、天命である。どの時代に生まれ、どの国に生まれたかは天命に属する。最大の問題である死を、人は避けることができない。天命だからだ。

では、天命には、どう対処すべきか。「天命に従い、天命に処し、天命に安住する」(『安定打坐考抄』)というのが、天風の結論である。なにより、宿命を天命と取り違えてはならない。そのうえで、天命に属する事柄については、天が命じた理由を解釈し、安住することが幸せへの道である。ここを間違えると幸福から離れてしまう。

思想61 迷信

潜在意識に消極観念を溜める、マイナスの自己暗示。

天風の言葉

ジンクスを気にしたり、易《えき》に依頼したり、縁起をかついだり、そのほか迷信的な行為をする人というものは、結局、自分に消極的な自己暗示をかけてるんだよ。

『盛大な人生』

迷信はマイナスの自己暗示である。その結果、人生をマイナスに導く。

◎ジンクスを気にする人――ジンクスを無視すると良くないことが起こる、というマイナス暗示にかかっている。仮に、ジンクスなんか気にしないと考えても、無視すると何か悪いことが起こりそうな気がして不安になり、逃れられない。

◎易《えき》に依頼する人――運命から逃れられない、というマイナス暗示にかかっている。易とは、中国古典の『易経』を原理にした占いである。ここでは占い全般を指し、占いに依存すること。占いを信じる人は、宿命を天命のように

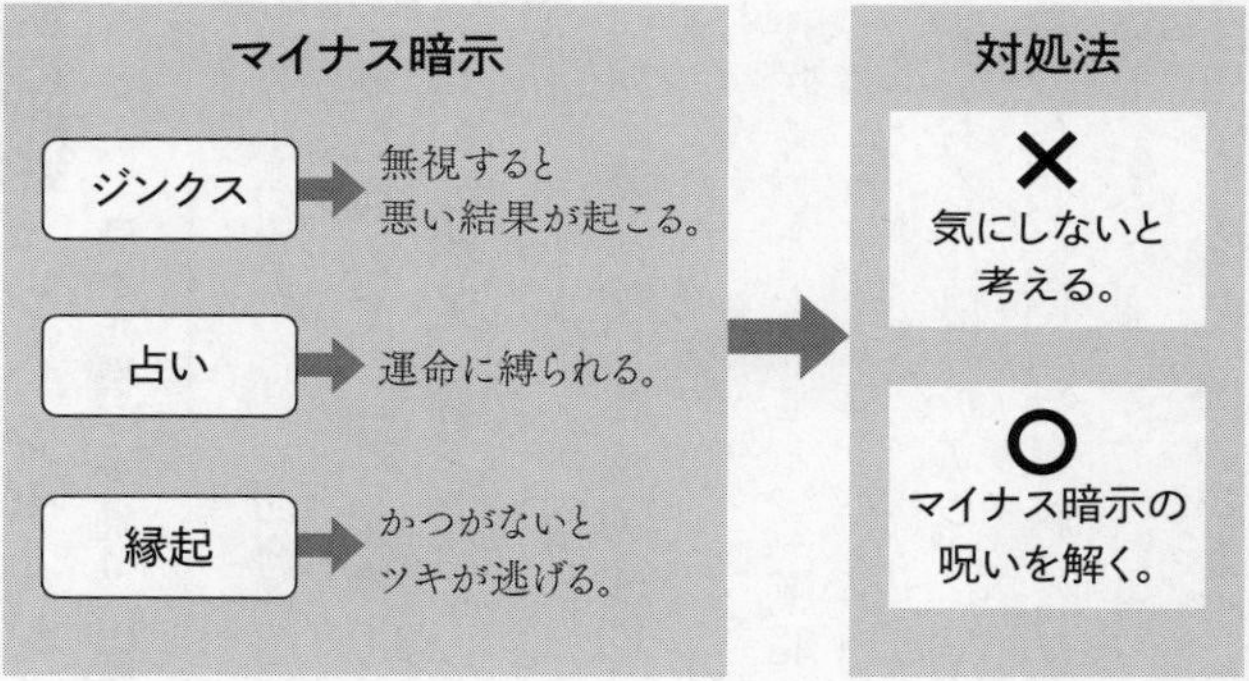
マイナス暗示
ジンクス
無視すると悪い結果が起こる。
占い
運命に縛られる。
縁起
かつがないとツキが逃げる。
対処法
×
気にしないと考える。
○
マイナス暗示の呪いを解く。

扱ってしまいがちだ。

◎縁起をかつぐ人――縁起をかつがないとツキが逃げる、というマイナス暗示にかかっている。語呂合わせのような、ちょっとしたことにも幸先《さいさき》がいいか悪いかを気にする。たとえば、試合の前は「勝つ」にこだわって、かつ丼を食べるなど。

迷信など気にしないと考えても、心のどこかで不安を感じるのは、マイナス暗示が潜在意識に深く浸透しているからだ。

対処法は、悪い結果はジンクスや占いや縁起のせいでなく、マイナス暗示が原因だと理解すること。そのうえで、「あなたは迷信にこだわらなくなる」と命令暗示（思想29）し、マイナス暗示の呪いを解くことだ。

思想62

コンペンセーションの法則

蒔いた種子の通りに現実化するという、原因と結果の法則。

天風の言葉

人生の事柄は、一切合切「報償《ほうしょう》の法則」(Law of Compensation)というもので支配されている。従って一切の人生果実は、その人の蒔いた種子のとおりに表現してくるものである。

『真人生の探究』

日本語訳は、報償《ほうしょう》の法則。ほかにも、因果律《いんがりつ》の法則、原因結果の法則と呼ばれる。コンペンセーションの法則とは、蒔《ま》いた種(原因)の通りに花(結果)が咲く、ということ。「風邪ひとつひくんだって、自分がまいた種に花が咲いたんです」(『心に成功の炎を』)と天風。この法則を応用したものに、願望実現法がある。結果が欲しければ、そんな種を蒔く、という方法だ。実際には、因果関係の「因」は単純ではない。複数の「因」が絡んでいたり、「縁(間接要因)」が介入することによって、願望以上の結果が生じたり、生じなかったりする。しかし、因のなかで「種」は決定的だ。種を蒔かずして結果はない。

思想63 刹那心機《せつなしんき》の転換

消極的な心の働きを、瞬時に積極的な働きへと転換する技法。

天風の言葉

刹那心機の転換というのは、言い換えれば、如何《いか》なる事でも、即座に、心を積極的に切り替えることをいう。

『哲人哲語』

一瞬にして、積極的な気分へと心を転換すること。

たとえば、深呼吸をする。あえて欠伸《あくび》をする。耳たぶを引っ張るなど。心の働き（心機《しんき》）をパッと切り替える方法はいくらでもある。技法なので、訓練すれば素早く転換できるようになる。次の方法は、効果が高い。

唇を尖らせて、鋭くフッと息を吐きながら、同時に首を右か左に素早く振る。心にマイナスが湧いたら、そのマイナスを吐き出すとイメージして、鋭く「フッ」。すると、瞬時に心が晴れる。やっているうちに、コツが呑み込めてくるはずだ。

思想64

睡眠

心のマイナスを消し、活力の吸収量を増大させる、無意識の時間。

天風の言葉

活力というものは、その人の寿命のある限りは、昼夜間断なくその生命に供給されてはいるが、特に考えなければならないことは、睡眠時の方がその受容量を増大して、完全に供給を受け得る。

『真人生の探究』

睡眠は、寝ているだけの無駄な時間ではない。杉山彦一（生涯44）は、「夜は偉大なる消しゴムである」と説いた。消しゴムとは、心に書かれたその日のマイナスを消す役割。夜が心をリセットするのである。

消しゴムの効果を最大限に高めるには、連想暗示法（思想28）で楽しい連想をしながら眠りにつくことである。すると、真っ新《さら》なページで翌朝を迎えることができる。

それだけではない。夜は活力の吸収量が増大するときでもある。だからこそ、楽しい連想をしながら眠りにつくことだ。

思想65 神人冥合《しんじんめいごう》

宇宙の根本主体と人間の生命が融合すること。

天風の言葉

霊的境地に心が入ると、いわゆる宇宙の根本主体と人間の生命が一体化するのであります。これを神人冥合《しんじんめいごう》と言う。

『盛大な人生』

神人冥合《しんじんめいごう》の〝神〟とは、宇宙霊のこと。〝人〟とは、人間生命のこと。つまり、神人冥合とは、心が霊的境地にあるとき、生命のレベルで宇宙霊と人間が最も強く結びつくということだ。このとき、人間生命に宇宙エネルギーが注がれる。では、どんなときに神人冥合がおこなわれるのか。

◎安定打坐法《あんじょうだざほう》によって、無我無念の境地に至ったとき。

◎眠っていて、活力の吸収量が増大するとき（思想64）。

神人冥合すると、活力だけでなく、宇宙の叡智《えいち》が人間に流れ込む。すると理（天理・道理）が分かって、うまい生き方ができるようになる。

思想66

理入《りにゅう》

真理の言葉による頓悟《とんご》。霊性によって真理に悟り入ること。

天風の言葉

理入行法なるものは（中略）、智識修得の手段を行うと同様の方式を採用すると同時に、また一方において、無念無想の入定《にゅうじょうぎょう》行なるものを行って、人生に絡まる宇宙真理を瞑想自悟《じご》すること。

『叡智のひびき』

理入《りにゅう》とは、天風が語った「真理の言葉」によって、パッと悟ること。一般化すると、「理入とは真理の言葉による頓悟《とんご》である」と言えよう。

右の天風の言葉は、理入を説いたものだ。分かりやすく書き改めよう。

「理入とは、知識を学ぶのと同様のやり方である。と同時に、無念無想（無我無念）の境地に入るための安定打坐法《あんじょうだざほう》（入定行）をおこない、そのうえで、人生についての宇宙真理を瞑想（真理瞑想行）して、みずから悟ること（自悟）である」

この一文で語られているのは、理入には、二つのやり方があるということだ。

①知識を学ぶように、理性（心性意識）によって学ぶやり方。

②真理瞑想行をおこない、霊性（霊性意識）によって、「人生に絡まる宇宙真理」をみずから悟るやり方。

これら二つのやり方を併記したうえで、天風は、後者のやり方に圧倒的なウエイトを置いている。実際、天風は、

「疑う気持ちや批判を乗り越え、ただ無念無想の状態で、内容をわかろうとするのではなく、ただ受け入れていく」（『運命を拓く』）

と、理入するうえで、理性（わかろうとすること）を否定している。つまり頭ではなく、霊性（本心）によって真理を受けとることを力説している。

語句を明らかにすると、理入の〝理〟とは、真理のこと。行入の〝行〟とは、実践すること。また、〝入〟とは悟入《ごにゅう》の意で〝悟り入る〟ことである。つまり、理入とは、真理に悟入することであり、天風が語った「真理の言葉」によって悟りに導かれることにほかならない。これは、パッと悟るので頓悟という。

ただし、天風の悟りを追体験するには、理入と行入の両ルートを組み合わせることが必要とされる（思想03）。

思想67

行入《ぎょうにゅう》

心鏡払拭による漸悟《ぜんご》。日々の実践によって、だんだん悟ること。

天風の言葉

行入行法なるものは、各種の手段と方法とをもって組み立てられているいわゆる難行苦行なるものを行わしめる行法なのである。

『叡智のひびき』

行入《ぎょうにゅう》とは、実践によって悟ること。実践の方法が、「心鏡払拭《しんきょうふっしょく》」（思想54）である。右の言葉の「各種の手段と方法」とは、具体的に何を実践することかというと、観念要素の更改法、積極精神養成法、クンバハカ法、安定打坐法《あんじょうだざほう》をおこなうことだ。日々心を磨き、だんだんと悟っていくので、漸悟《ぜんご》（順を追って修行し悟りを開くこと）と位置づけられる。天風は、「理入《りにゅう》のみでは本当の禅ではないと同時に行入のみでも本当の禅ではない。要するに理入と行入二面相待《あいま》って禅の総体となる」（『安定打坐考抄』）と語っている。この一文は禅を事例にしながら、心身統一法のあり方を語っ

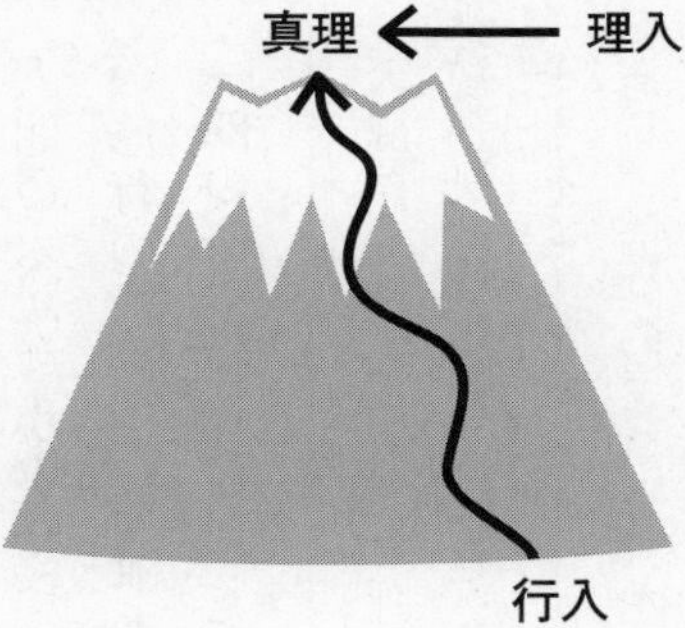

頂上（真理）に登るのに、理入はテレポーテーション移動したようにパッと瞬時に頂上にいる状態。行入は、登山口からだんだん登っていく努力を続けて頂上に到達すること。

ている。そこで、言葉を置き換えると、次のようになる。

「理入だけでは、心身統一法の真髄に至ることはできない。同様に、行入だけでも心身統一法の真髄をつかむことができない。では、どうすればいいのかと言うと、理入と行入の両面が補完し合ってこそ、心身統一法の総体となる」

図は、登山にたとえたもの。行入とは、登山道を根気強く登って頂上（真理）に達することである。理入は、頂上に瞬間移動すること。しかし、たとえ瞬間移動できたとしても、行入を欠かすと頂上（真理）に留まることは難しい。このため、天風は心鏡払拭《しんきょうふっしょく》を欠かさなかった。

思想68

十牛図《じゅうぎゅうず》

心身統一法の修行ステップを、十段階で図解した道しるべ。

天風の言葉

人間の本心の現実発揮のため、私が五十余年間説いている心身統一法の修行の段階を、それから修行の目的というものをただ一人の牧童と一四の牛の絵にたとえて教えてくれたんだ。

『盛大な人生』

天風は「十牛訓《じゅうぎゅうくん》」と呼んだ（以下では十牛図と表示する）。十牛図とは、心身統一法（思想03）の修行ステップを十段階で示したもの。

そもそも十牛図は、中国北宋（九六〇～一一二七）の末頃にできた禅の教えである。悟りのプロセスを、牛と牧童の関係にたとえ、禅道を歩む人たちの道しるべとして供されたものだ。

では、十牛図の牛とは何か。仏性である。心身統一法においては、本心（思想40）のこと。牛（本心）を追う牧童とは、心身統一法を修行する人である。

つまり、修行者がどのように霊性意識（本心）へと達し、日常生活を送るのか

（生活即修行である。思想78）、を示したものが十牛図である。

我々は、天風の悟りを追体験することができる。そのために心身統一法が体系化されたと言える。追体験のステップを十牛図にしたがって示しておこう。

①尋牛《じんぎゅう》――牛（本心）を探す段階。病や運命から救われたい、人間らしい人生を送りたいという問題意識が起こり、道（教え）を求めようとする。

②見跡《けんせき》――牛の足跡を見つけた段階。足跡とは、天風の著述書を見つけて読むなど。つまり、天風の教えを知った段階。多くの人は、数冊ほど読めば次の目新しいものを求めて通り過ぎることが多い。

③見牛《けんぎゅう》――牛を見た段階。霊性心が働き本心を見る、という初歩的な理入体験があった。生命力が湧き、そんな生き方（心身統一法）に気づく。

④得牛《とくぎゅう》――牛を手に入れる段階。本心の生き方、積極的な生き方を実践しているものの、新しい問題が発生すると後退して消極的になる。

⑤牧牛《ぼくぎゅう》――牛を飼いならす段階。積極的な生き方を実践している。心の曇り（消極など）を払おうと、心鏡払拭《しんきょうふっしょく》（思想54）に明け暮れる。

⑥騎牛帰家《きぎゅうきか》――牛にまたがって家に帰る段階。牛にまたがるとは、本心と一

体になった生き方ができること。家に帰るとは、本来あるべき日常の生活に帰ること。つまり、日常を積極的に生き、生命力に満ちた生活を送っている。

⑦忘牛存人《ぼうぎゅうそんにん》――牛を忘れ、人のみが存する段階。本心に適《かな》った行動が自然にできているので、本心（牛）を意識することはない。

⑧人牛倶忘《にんぎゅうぐぼう》――人も牛も倶《とも》に忘れた段階。まわりからは普通の人に見えるものの、有事には泰然とできる。この段階に至って、本物だと言える。

⑨返本還源《へんぽんげんげん》――本《もと》に返り、源にたち還る段階。「還」とは、輪を描くようにぐるっと一周して元の場所に戻ること。元の場所は、大宇宙の生命であり、これとつながった本心である。つまり、霊性生活が完全にできている。

⑩入鄽垂手《にってんすいしゅ》――町にでかけ、手を垂れる段階。町とは、人々の営みがくり広げられる日常の場である。垂手には二つの意味がある。手を垂れて何もしない〝無為〟。もう一つは、手を差しのべる〝救済〟。以上から、垂手とは、無為即救済の意となる。老子に、「我、無為にして、民自《おの》ずから化《か》す」（『老子』第五十七章）とあり、その人がいるだけで人々が教化され、町に落ち着きがもたらされる。世のため人のために生きる、利他のステージに立つ段階。

十牛図（心身統一法の修行をする10のステップ）

第1図　尋牛

実存的な問題が発生し、初発心（教えを求める心）を起こす段階。

第2図　見跡

天風の著述書（足跡）などを見つけた段階。

第3図　見牛

牛（本心）を見た段階。この段階から心身統一法の学びが深まる。

第4図　得牛

試行錯誤の段階。問題が発生すると後退する。

第5図　牧牛

順調に心身統一法を実践している段階。

第6図　騎牛帰家

積極的に生き、潜勢力を発揮している段階。

第7図　忘牛存人

本心に適った行動が自然にできている段階。

第8図　人牛倶忘

悟り臭さが消え、普通の人に見える。有事には泰然とできる段階。

第9図　返本還源

霊性生活（霊性意識での生き方）が完全にできている段階。

第10図　入鄽垂手

世のため人のために生きる段階。

拙著『中村天風の十牛図』より、川井信一（画）

思想69

頓悟《とんご》と漸悟《ぜんご》

パッと一挙に悟る〝頓悟〟。順を追った修行によって悟る〝漸悟〟。

天風の言葉

うろおぼえだが、圭峰宗密《けいほうしゅうみつ》が言ったんじゃかなあ、設《たと》え実に頓悟すといえども、ついに須《すべか》らく漸行《ぜんこう》すべし。悟ったといったって駄目だと。一生懸命に悟りのまんまで生きていかなきゃいけない。

『盛大な人生』

◎頓悟《とんご》――修行の段階を経ずにパッと一挙に悟ること。
◎漸悟《ぜんご》――順序を追って修行し、だんだんと悟りを開くこと。

これらは悟り方の違いである。天風は頓悟を「理入《りにゅう》」と位置づけ、漸悟を「行入《ぎょうにゅう》」と位置づけた。ところで、天風が十牛図（思想68）を語ったとき、第5図「牧牛《ぼくぎゅう》」において、禅僧の圭峰宗密（七八〇～八四一）の言葉を引いている。

「設《たと》え実《じつ》に頓悟《とんご》すといえども、ついに須《すべか》らく漸行《ぜんこう》すべし」（『盛大な人生』）

大意は、「たとえパッと一瞬にして悟ったとしても、結局は、だんだんと修

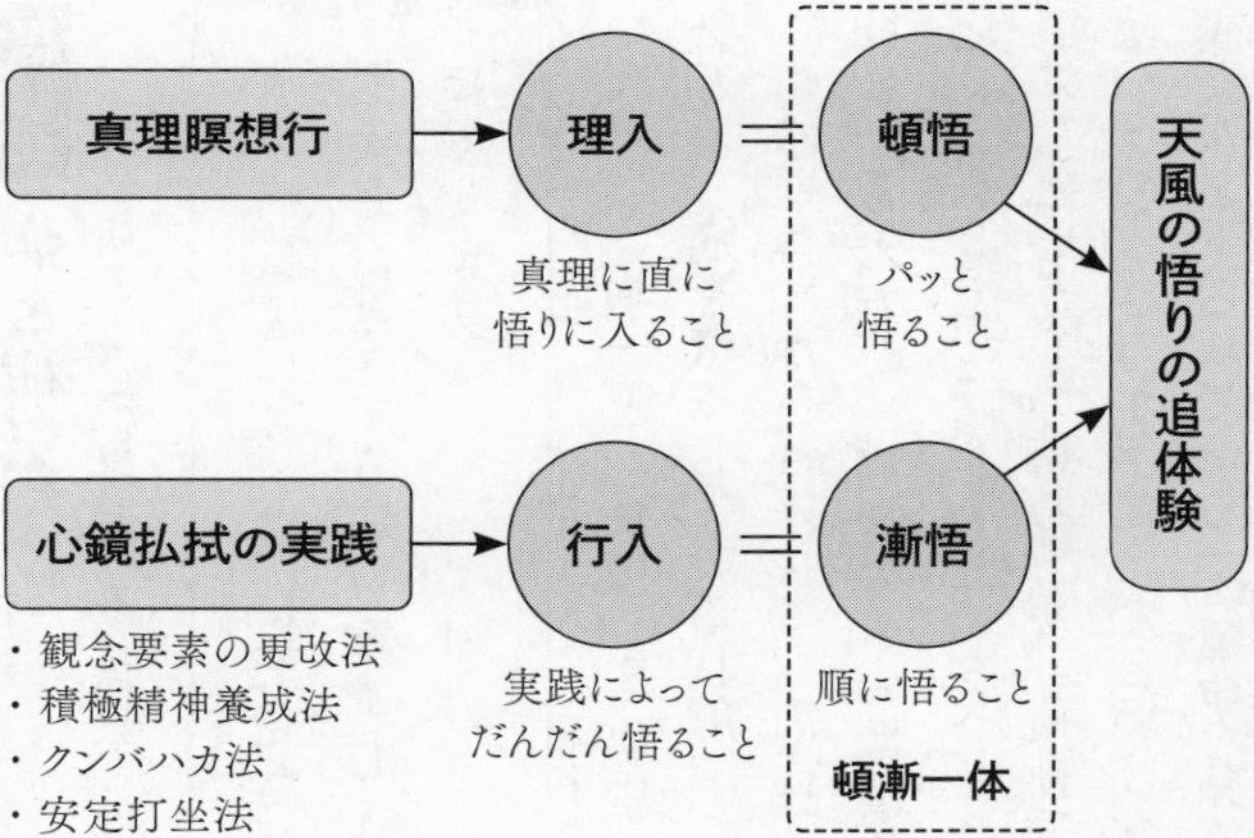

真理瞑想行
理入
頓悟
天風の悟りの追体験
真理に直に
悟りに入ること
パッと
悟ること
心鏡払拭の実践
行入
漸悟
・観念要素の更改法
・積極精神養成法
・クンバハカ法
・安定打坐法
実践によって
だんだん悟ること
順に悟ること
頓漸一体

行していかなければならない」ということだ。宗密は、頓悟と漸悟が補い合って、円満な悟りが得られるという頓漸一《とんぜんいっ》体説《たいせつ》を唱えた（ただし、頓悟を優位と位置づけた）。天風が宗密の言葉を引いたのは、心身統一法の修行は頓漸一体説に立たなければならないと考えたからだ。

仮に、十牛図の第3図「見牛《けんぎゅう》」の段階で本心を見て、頓悟したとしても、その境地を継続するには心鏡払拭《しんきょうふっしょく》の実践（漸修《ぜんしゅう》）を怠ってはならないということである。どちらか一方に偏ると、十牛図の高い段階には進めない。理入に偏っても、行入に偏っても、偏った修行は十牛図の半ばで行きづまる。

思想70

病《やまい》と病気

病とは、現象である。病気とは、病という現象を気にする消極心。

天風の言葉

病を病気というものに変化させると、率直にいえば、早く治る病を長引かし、軽くする病を重くし、時には死ななくてよい病を死に転帰させてしまう。

『真人生の探究』

天風は「病《やまい》」と「病気」を峻別《しゅんべつ》した。病は現象である。これに対して、病気とは、病を気にしている状態で、精神的に病に負けていること。病に罹《かか》ったからといって、消極的になってはいけないというのが、天風の一貫した考え方だ。病そのものは消極ではない。消極的とは、病を気にすること。「病は忘れることによって治る」(『心に成功の炎を』)と、天風は言う。〝忘れる〟という心の持ち方が、積極である。また、風邪を引くなど病に罹ったのは、今の生き方が不健康だというシグナルだ。そう受けとめ、病によって「警戒警報を下されている」(『運命を拓く』)と、プラスに考えることを勧めた。

思想71

笑い

心が晴れ、気持ちを前に向かせる心身の現象。積極的に生きる力を生む。

天風の言葉

笑えば心持は、何となくのびのびと朗らかになる。即ち鬱気《うっき》が開ける。ところがこの簡単な事実を、案外にも多くの人は見逃がしていやしまいか？

『研心抄』

笑うだけで、心は積極的になる。気持ちが前を向く。天風は、笑う効果に着目した先人である。

「笑いは無上の強壮剤である、また開運剤である」(『研心抄』)

と語った。健康のためにも、開運のためにも、笑いは欠かせない。

夏期修練会では、食事を摂る前に、三回笑うことが恒例になっている。堂々と大きな声で笑う。すると、腹筋が大きく動き、消化吸収を良くするための準備体操になる。何より、楽しく食事をすることができる。このように、天風は笑いを生活に取り入れた。

思想72 天風式生活法

自然の法則を遵守《じゅんしゅ》した、統一式生活法。

天風の言葉

自然の力によって生れたものは、自然の力によって生きているのでありますから、すべて自然の法則を絶対に尊重せなければなりません。

『心身統一哲醫學』

天風が勧める生活法のこと。別名、統一式生活法、純正生活法（生涯38）という。別の角度から「生存と生活」（思想02）を見たもので、内容は同じ。一言で尽くせば、精神と肉体の二方面から、よりよく生きる方法を説いたものだ。

◎精神の生活法――「積極的把持《はじ》」と「精神統一」から成る。心を積極的にして生命エネルギーを確保し、この力を効果・効率的に用いる。

◎肉体の生活法――「自然法則順従」と「訓練的積極化」から成る。自然法則にしたがった生活をし、病的刺激に対する抵抗力を高めるなど。

思想73 天風式食事法

よく嚙み、よく笑うことが、天風式食事法の基本。

天風の言葉

口の中に入れた食べ物が、形が全部なくなっちゃって、いつ飲み込むともなく飲み込まれちまうんでなきゃいけない。ところが、あなた方の多くは、半がみの、半砕《くだ》きの、粗《あら》飲み込みでもって食べてる場合が多かない？

『いつまでも若々しく生きる』

よく嚙《か》むことと、よく笑うこと。この二つが天風式食事法の基本である。胃には、歯がない。夏期修練会で、食べ物を口に入れたら五十回嚙もうと教えている。よく嚙むことは、日常でできる健康法だ。また、体のなかの唾だけが、でんぷん質を溶解し消化してくれる。唾は万病の薬である。

天風自身は、動物性のタンパク質を口にしなかった。では、天風の基準では、肉食をどれくらいにすべきか。一般的に、植物食七に対し、肉食三の割合が理想だという。七十～八十歳では、八対二にするのがいいと教えている。

思想74

心一つの置きどころ

人生に天国をつくるも、地獄をつくるも、今の心の持ち方次第だということ。

天風の言葉

「人間の健康も、運命も、心一つの置きどころ」。心が積極的方向に動くのと、消極的方向に動くのとでは、天地の相違がある。

『運命を拓く』

天風の口グセの一つ。心の持ち方一つ、思い方一つで、これからの人生に天地の開きが生じるということ。

人生に天国をつくるのも、地獄をつくるのも、自分次第である。「人生は心一つの置きどころ」という言葉は、天風門下の多くの人々の心を捉えた。諳《そら》んじて、岐路に立ったとき、この言葉を想起する人が多い。

ただ、ずっと消極的に生きてきた人が、突然、積極的にはなれない。日頃の修練がものを言う。岐路に立ったときだけではなく、つねに「心一つの置きどころ」が問われている。

思想75

人生に二生はない

二度とくり返せない生命をムダ遣いするな、という教え。

天風の言葉

一生は断然一生で、二生はないんであります。いっぺん死んじまえば、二度味わえはしないこの人生、こりゃあ尊いものです。

『心に成功の炎を』

天風の口グセの一つ。人生は一回かぎり。今を大切にしようという教え。ほかにも、「人生はオンリーワンページである」「人の一生は、なんとしても一回限りのものである。絶対に二生はない」（『真理のひびき』）など。

これほどまでに、人生の一回性を強調するのは、人生をなおざりにしている人が散見されるからであろう。生きているうちなら、失敗しても、やり直しがきく。やらなければ失敗はない。が、やらないことは、生命を刻々と消費するだけ。一回かぎりの生涯を、そんな粗末に扱っていいのかと問うているのだ。

思想76

三勿三行《さんこつさんぎょう》

三つのやってはいけない〝三勿〟。三つの実践すべき〝三行〟。

天風の言葉

「正直」「親切」「愉快」ということに努めてごらん。怒りや悲しみや怖れに、ふりまわされちゃいけないよ。これを「三勿三行の教え」というんです。

『信念の奇跡』

◎三勿《さんこつ》――怒るな、怖れるな、悲しむな、という三つのやってはいけないこと。

どんな人間にも感情があり、感情の発露は自然なことだ。だから、怒っても、怖れても、悲しんでもいい。では、なぜ「怒るな、怖れるな、悲しむな」なのか。天風が教えたのは、感情にふり回されるな、ということである。感情にふり回されるとは、抑えきれないほど感情が過剰になることだ。そこで、怒り過ぎるな、怖れ過ぎるな、悲しみ過ぎるな、と戒めた。これが三勿である。もし感情にふり回されたら、人生の主人公は気まぐれな感情になってしまう。その結果、生命は萎縮していく。

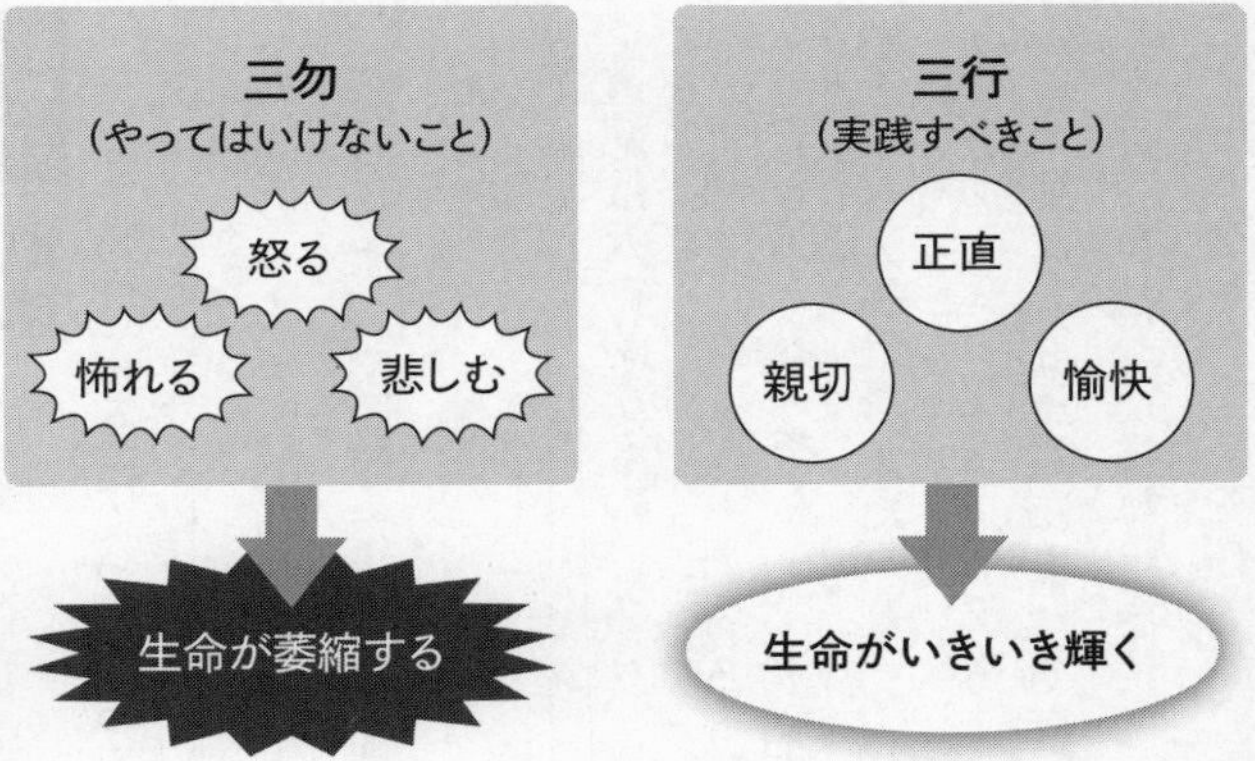
三勿
(やってはいけないこと)
怒る
怖れる
悲しむ
生命が萎縮する
三行
(実践すべきこと)
正直
親切
愉快
生命がいきいき輝く

◎三行《さんぎょう》——正直、親切、愉快、という三つの実践すべきこと。

この三つを実践すると、生命がいきいきする。①正直とは、本心や良心に恥じない行動。やましいことがあると生命は萎縮する。逆に、正直に生きると、生命はのびのびと膨らんでいく。②親切とは、本心や良心から現れた他愛の行動。人への愛は、生命力の発露である。③愉快とは、他人に喜んでもらう楽しみのこと。愉快には二つある。一時的なものと、長続きするもの。一時的な愉快は、自分の本能を満たすだけ。一天風が最上とする愉快は、他人に喜んでもらうことが嬉しいという、持続可能な愉快である。

思想77 道徳

時代や社会によって変わる、倫理的な規範。天風は道徳を疑った。

天風の言葉

人間のつくった倫理、道徳というやつは、常に時代の推移に伴《ともの》うて変化します。(中略)だから倫理、道徳ぐらい当てにならないものはないんです。

『心を磨く』

道徳は人為的なものであり、共同生活を営むための規範にすぎない。時代によって変わっていく。江戸時代の道徳は、現代には通用しない。また、社会によっても異なる。そんな曖昧な基準によって、自分の心が束縛されてはならない——と天風は考えた。

天風が求めようとしたのは、真理である。真理とは、普遍的で変わらざるもの。天風は霊性意識によって真理を求めた結果、「生命」にたどり着いた。雑念や妄念を払った純粋生命には、真・善・美に結びついた本心と良心が残る。ここから人の生き方を説き、これらが天風哲学の基準となった。

思想78

第一義

生活即修行として心身統一法をおこなうことを根本とする。

天風の言葉

天風教義は是《これ》を修行として行ったのではおよそ第二義となる。ただ一念それを生活行事として行う時、完全に第一義的のものとなる。

『叡智のひびき』

心身統一法をおこなううえで、最も大切なことは何か。天風は、生活即修行、修行即生活（生活が修行であり、修行が生活である。両者は一体のものである）として取り組むことこそが第一義だ、と教えた。

◎第一義とは――最も大事な事柄で、根本的なこと。

◎第二義とは――それほど大事でなく、根本的でないこと。

ところが、心身統一法（修行）を特別のものとして扱い、日常生活と切り離している人が意外にも多い。そんなやり方は第二義的だと戒めた。

思想79 使命

進化と向上に寄与する方向で、みずからに与える人生上の任務。

天風の言葉

人間は万物の霊長として、この世の中の進化と向上を実現する厳粛な使命をもって生まれてきたんです。

『信念の奇跡』

大宇宙の生命から分派した人間は、生命の方向性である「進化と向上」を助成するために生まれた。これが人間の使命である。天風は明確に、「人間は、恒《つね》に宇宙原則に即応して、この世の中の進化と向上とを現実化するという、厳粛な使命をもってこの世に生れて来た」(『真人生の探究』)と語っている。

人間生命も、大宇宙の生命も、生命が向かっている方向は一つである。前へ前へと進化し向上してやまないこと。また、この方向性とは、創造性の発揮であり、積極的に生きることである。では、使命を自覚しなければどうなるの

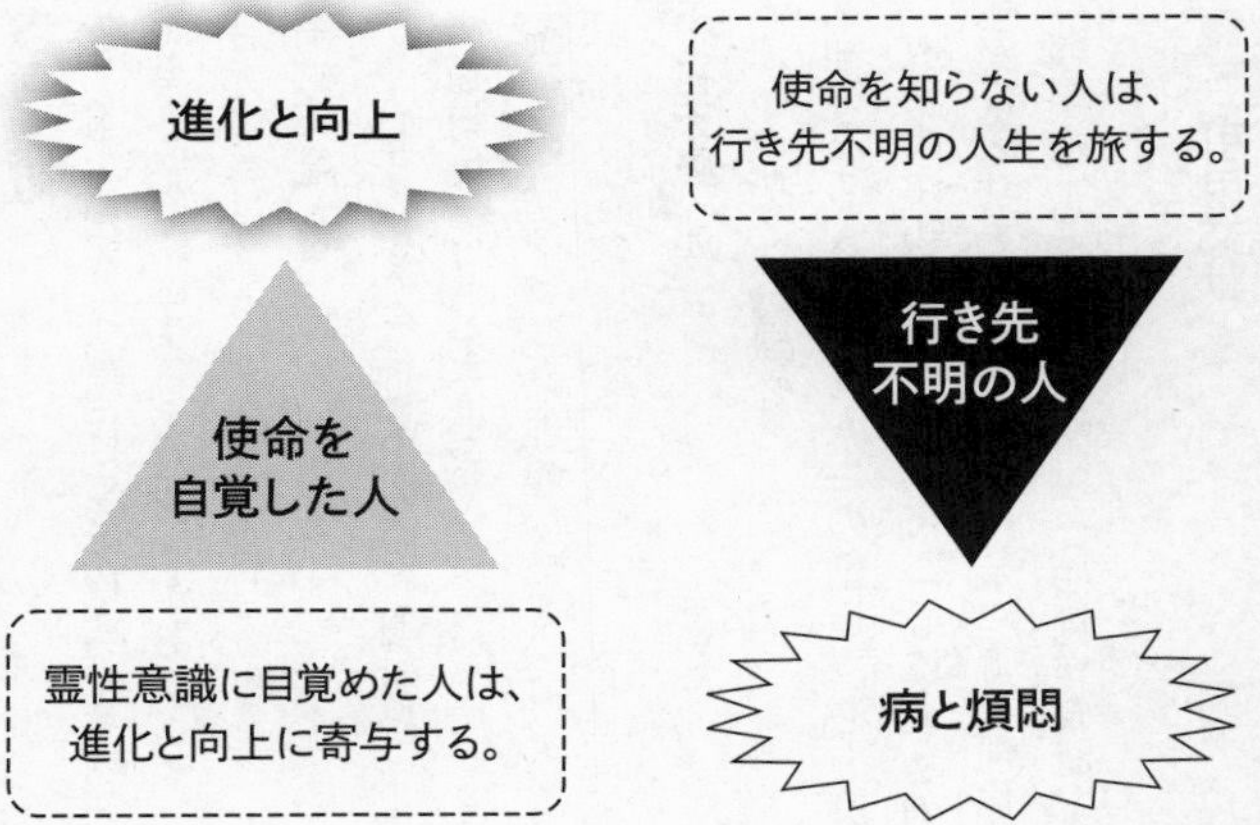
進化と向上
使命を
自覚した人
霊性意識に目覚めた人は、
進化と向上に寄与する。
使命を知らない人は、
行き先不明の人生を旅する。
行き先
不明の人
病と煩悶

か。

「自分の使命を知らずして、言い換えりゃ、行き先不明の人生の旅をしてる人は、その当然の結果として、病《やまい》や煩悶《はんもん》や貧乏という、あまり人生に欲しくないものに締めつけられて、それで自分自身の一生を価値のないものにしちゃってる」（『信念の奇跡』）

と、天風は警告する。つまり、使命を自覚しなければ、消極の人生を歩むことになるのだ。

何のために天風哲学を学び、何のために心身統一法を実践するのか。一言で尽くせば、使命を自覚し、使命を果たすためである。

参考文献

『真人生の探究』『安定打坐考抄』『心身統一哲醫學』『叡智のひびき』からの引用にあたっては、表記を平仮名に置き替えた箇所があります。

中村天風・著

『真人生の探究』『研心抄』『錬身抄』『哲人哲語』『安定打坐考抄』『天風誦句集(一)』『真理行修誦句集』(以上、天風会)
『叡智のひびき』『真理のひびき』(以上、講談社)

中村天風・述

『運命を拓く』(講談社)
『幸福なる人生』『真人生の創造』『心を磨く』『力の結晶』(以上、ＰＨＰ研究所)
『成功の実現』『盛大な人生』『心に成功の炎を』『いつまでも若々しく生きる』『信念の奇跡』
『君に成功を贈る』(以上、日本経営合理化協会出版局)
『影印版　心身統一哲醫學』(楠見守概記、本心庵)

参考・引用文献

池田光『中村天風　「自力」で運命を動かせ』（清談社Publico）
池田光『中村天風の十牛図』（本心庵）
堀尾正樹・中村至道『哲人中村天風』（天風会京都支部）
安武貞雄『健康と幸福への道』（天風会）
安武貞雄『「積極」への途（『志るべ』増刊、４４６号）』（天風会）
杉山彦一『中村天風「心身統一法」解説　いのちを活きる』（天風会）
松原一枝『中村天風　活きて生きた男』（中央公論新社）
森本節躬『中村天風先生に教わった心の力』（南雲堂フェニックス）
橋田雅人『哲人　中村天風先生抄』（廣済堂出版）
『哲人　あの日あの時　全国版』（天風会京都支部）
『哲人　あの日あの時　京都編』（天風会京都支部）
中村天風財団編『図説　中村天風』（海鳥社）
佐保田鶴治『解説　ヨーガ・スートラ』（平河出版社）
鈴木大拙『新編　東洋的な見方』（岩波書店）
今村仁司編訳『現代語訳　清沢満之語録』（岩波書店）
利岡中和『真人　横川省三伝』（「真人横川省三伝」刊行会）
鐘崎三郎顕彰会編『威風凛々　烈士 鐘崎三郎』（花乱社）

中村天風　通説年譜

1876（明治9）年

7月30日、東京に生まれる。本名・三郎。父・祐興、母・テウの三男として育つ。

※父・祐興は育ての父との説がある（生涯01、02参照）。

1889（明治22）年頃

東京本郷の小学校を卒業。九州・福岡の修猷館に入学。

1891（明治24）年　15歳

修猷館で投石事件。

1892（明治25）年　16歳

殺傷事件により、修猷館を退学。頭山満の玄洋社に預けられる。同年、軍事探偵見習いとして、日清戦争開戦前の満州、遼東半島方面の偵察をする。

1902（明治35）年　26歳

参謀本部諜報部員（軍事探偵）として採用される。満州に潜伏し、日露戦争開戦前の偵察と後方攪乱を工作する。1904年、日露戦争が勃発。

1905（明治38）年　29歳

娘・鶴子（1905～2006）誕生。後年、鶴子は、天風会第二代会長となる安武貞雄と結婚する。

1906（明治39）年　30歳　軍事探偵が解散となり、高等通訳官に就任。奔馬性肺結核を発病。みずからの心の弱さに直面する。

1909（明治42）年　33歳　病床で読んだ書物のなかに、オリソン・スウェット・マーデン著『如何にして希望を達す可きか』があり、その著者に会って救いを得るため、アメリカに密航する。
※筆者の推定では、1908（明治41）年3月に密航した（生涯27参照）。

1911（明治44）年　35歳　5月、欧米での旅で求める答えを得られず、帰国を決意。フランス・マルセイユを発つ。その途上、ヨーガの聖者カリアッパ師と邂逅。ヨーガの里で修行し、やがて悟りを得る。
※筆者の推定では、1910（明治43）年5月25日にフランス・マルセイユを発ち、6月8日にカリアッパ師と邂逅した。（生涯27参照）。

1913（大正2）年　37歳　8月に帰国する。帰国する前に、上海に寄り、第二次辛亥革命に参加。孫文を支援した。帰国後は、東京実業貯蔵銀行頭取をはじめ、実業界で活躍する。
※筆者の推定では、1911（明治44）年末頃に上海に着く。（生涯27参照）。

１９１９（大正8）年　43歳　6月8日、感ずるところがあり、現在の公益財団法人天風会（当初は「統一哲医学会」）を創設。約五十年にわたって、「心身統一法」を教えることに身を捧げる。

１９４７（昭和22）年　71歳　『真人生の探究』（１９４７）を皮切りに、『研心抄』（１９４８）、『錬身抄』（１９４９）、『安定打坐考抄』（１９４９）など、矢継ぎ早に著作を発表する。（１９４２年に、門人の楠見守による筆記で、天風述『心身統一哲醫學』を発行）

１９６８（昭和43）年　92歳　12月1日帰霊。

※中村光次郎については、名前の読みが不明のため、中村性の末尾に置く。

[人名・書籍]

太字は見出し語（キーワード）、引用文献の書籍名は省く

あ行

か行

さ行

た行

た行

索　引

本書は、書き下ろし作品です。

著者紹介
池田 光（いけだ　ひかる）
1955年、兵庫県生まれ。経営コンサルタント。天風哲学の実践・指導において活躍。心身統一法をもとにした独自の成功哲学によって、ビジネスパーソン、一般人のための実力向上に画期的な成果を上げる。また企業の経営戦略、組織開発の分野で多大な実績を残す。著書に、『中村天風 めげない ひるまない 立ちどまらない』（三笠書房）、『［図解］成功哲学ノート』（ＰＨＰ研究所）、『安岡正篤 運命を思いどおりに変える言葉』（イースト・プレス）など多数がある。

ＰＨＰ文庫　キーワードでわかる！ 中村天風事典

2023年6月15日　第1版第1刷

著　者　池田　光
発行者　永田貴之
発行所　株式会社ＰＨＰ研究所
東京本部　〒135-8137 江東区豊洲5-6-52
ビジネス・教養出版部　☎03-3520-9617（編集）
普及部　☎03-3520-9630（販売）
京都本部　〒601-8411 京都市南区西九条北ノ内町11
PHP INTERFACE　https://www.php.co.jp/
組　版　有限会社エヴリ・シンク
印刷所　株式会社光邦
製本所　東京美術紙工協業組合

ISBN978-4-569-90322-4

PHP文庫

稲盛和夫伝

利他の心を永久に

北 康利 著

京セラを世界的企業に育てあげ、晩年は経営破綻したＪＡＬを再建に導いた稀代の経営者・稲盛和夫。彼の生涯を綴った唯一の完全評伝。

PHP文庫

養老孟司の人生論

養老孟司 著

私の人生では「新しい」こと、つまりまだ済んでないことがあります。それは死ぬことです――死から宗教まで自身の考えを綴った一冊。

PHP文庫

「カムカムエヴリバディ」の平川唯一

戦後日本をラジオ英語で明るくした人

平川 洌 著

2021年秋から翌年春まで、朝ドラのキーパーソンとなった平川唯一。ラジオ英会話講師として戦後の日本を明るくした人の生涯を活写する。

PHP文庫

「諜報の神様」と呼ばれた男

情報士官・小野寺信の流儀

岡部 伸 著

第二次世界大戦時、凄腕の情報士官として連合国に恐れられた小野寺信。その信義に貫かれた生涯と諜報戦の実態を描いた名著の文庫化。

PHP文庫

［新訳］ローマ帝国衰亡史

エドワード・ギボン 著／中倉玄喜 編訳

ローマ帝国1500年の歩みを描いた名著を一冊にまとめたダイジェスト版。希代の歴史家が綴る文明盛衰の物語をわかりやすい新訳で読む。